从荒地到市民农园

连接农与人的新型商业模式

マイファーム 荒地からの挑戦：農と人をつなぐビジネスで社会を変える

［日］西辻一真 著
刘爽 潘郁灵 译
MYFARM 中国 审校

人民东方出版传媒
People's Oriental Publishing & Media
东方出版社
The Oriental Press

图字：01-2023-1254 号

My farm Arechi kara no Chousen by Kazuma Nishitsuji Copyright © 2012 Kazuma Nishitsuji
Simplified Chinese translation copyright © 2022 Oriental Press, All rights reserved

Original Japanese language edition published by Gakugei Shuppansha Co., Ltd.
Simplified Chinese translation rights arranged with Gakugei Shuppansha Co., Ltd..
through Hanhe International（HK）Co., Ltd.

中文简体字版专有权属东方出版社

图书在版编目（CIP）数据

从荒地到市民农园：连接农与人的新型商业模式／（日）西辻一真 著；刘爽，潘郁灵译. —北京：东方出版社，2023.7
（世界新农丛书）
ISBN 978-7-5207-3413-4

Ⅰ.①从… Ⅱ.①西… ②刘… ③潘… Ⅲ.①农业经营—经营管理—商业模式 Ⅳ.①F306

中国国家版本馆 CIP 数据核字（2023）第 068544 号

从荒地到市民农园：连接农与人的新型商业模式
(CONG HUANGDI DAO SHIMIN NONGYUAN: LIANJIE NONG YU REN DE XINXING SHANGYE MOSHI)

作　　者：	[日] 西辻一真
译　　者：	刘　爽　潘郁灵
责任编辑：	申　浩
审　　校：	MYFARM 中国
出　　版：	东方出版社
发　　行：	人民东方出版传媒有限公司
地　　址：	北京市东城区朝阳门内大街 166 号
邮　　编：	100010
印　　刷：	北京联兴盛业印刷股份有限公司
版　　次：	2023 年 7 月第 1 版
印　　次：	2023 年 7 月第 1 次印刷
开　　本：	880 毫米×1230 毫米　1/32
印　　张：	6.75
字　　数：	130 千字
书　　号：	ISBN 978-7-5207-3413-4
定　　价：	49.00 元

发行电话：(010) 85924663　85924644　85924641

版权所有，违者必究

如有印装质量问题，我社负责调换，请拨打电话：(010) 85924602　85924603

"世界新农"丛书专家委员会

（按姓氏汉语拼音排序）

白澄宇	联合国开发计划署中国可持续发展融资项目办公室主任
才　胜	中国农业大学工学院，硕士生导师
陈　林	首辅智库学术委员会副主任委员
陈　猛	厦门大学环境与生态学院教授
陈能场	广东省科学院生态环境与土壤研究所研究员，中国土壤学会科普工作委员会主任
陈统奎	《南风窗》杂志前高级记者、全国返乡论坛发起人、6次产业家社群营造者、火山村荔枝创始人
冯开文	中国农业大学经济管理学院教授
谷登斌	河南丰德康种业股份有限公司总经理、研究员，第四届国家农作物品种审定委员会委员
侯宏伟	河南师范大学商学院MBA教育中心办公室主任，硕士生导师
胡　霞	中国人民大学经济学院教授，博士生导师
宋金文	北京外国语大学北京日本学研究中心教授
仝志辉	中国人民大学农业与农村发展学院教授，中国人民大学乡村治理研究中心主任
徐祥临	中共中央党校高端智库深化农村改革项目首席专家，经济学教授、博士生导师，首辅智库三位一体合作经济研究院院长
杨尚东	广西大学农学院教授
张耀文	德国国际合作机构（GIZ）职业教育与劳动力市场高级顾问
周维宏	北京外国语大学北京日本学研究中心教授，博士生导师

出版者的话

在中国共产党第二十次全国代表大会开幕会上,习近平总书记指出要全面推进乡村振兴,坚持农业农村优先发展,巩固拓展脱贫攻坚成果,加快建设农业强国,扎实推动乡村产业、人才、文化、生态、组织振兴,全方位夯实粮食安全根基,牢牢守住十八亿亩耕地红线,确保中国人的饭碗牢牢端在自己手中。

乡村振兴战略的提出,让农业成为有奔头的产业,让农民成为有吸引力的职业,让农村成为安居乐业的美丽家园。近几年,大学生、打工农民、退役军人、工商业企业主等人群回乡创业,成为一种潮流;社会各方面的视角也在向广袤的农村聚焦;脱贫攻坚、乡村振兴,农民的生活和农村的发展成为当下最热门的话题之一。

作为出版人,我们有责任以出版相关图书的方式,为国家战略的实施添砖加瓦,为农村创业者、从业者予以知识支持。从2021年开始,我们与"三农"领域诸多研究者、管理者、创业者、实践者、媒体人等反复沟通,并进行了深入调研,最终决定出版"世界新农"丛书。本套丛书定位于"促进农业产业升级、推广新农人的成功案例和促进新农村建设"等方面,着重在一个"新"字,从新农业、新农村、新农人、新农经、新理念、新生活、新农旅等多个角度,从全球范围内精心挑选各语种优秀"三农"读物。

他山之石,可以攻玉。我们重点关注日本的优秀选题。日本与我国同属东亚,是小农经济占优势的国家,两国在农业、农村发展的自然禀赋、基础条件、文化背景等方面有许多相同之处。同时，日本也是农业现代化高度发达的国家之一，无论在生产技术还是管理水平上，有多项指标位居世界前列；日本农村发展也进行了长时期探索，解决过多方面问题。因此，学习日本农业现代化的经验对于我国现代农业建设和乡村振兴具有重要意义。

同时，我们也关注欧洲、美国等国家和地区的优质选题，德国、法国、荷兰、以色列、美国等国家的农业经验和技术，都很值得介绍给亟须开阔国际视野的国内"三农"读者。

我们也将在广袤的中国农村大地上寻找实践乡村振兴战略的典型案例、人物和经验，将其纳入"世界新农"丛书中，并在世界范围内公开出版发行，让为中国乡村振兴事业作出贡献的人和事"走出去"，让世界更广泛地了解新时代中国的新农人和新农村。我们还将着眼于新农村中的小城镇建设与发展的经验与教训，在"世界新农"丛书的框架下特别划分出一个小分支——小城镇发展系列，出版相关作品。

本套丛书既从宏观层面介绍 21 世纪世界农业新思潮、新理念、新发展，又从微观层面聚焦农业技术的创新、粮食种植的新经验、农业创业的新方法，以及新农人个体的创造性劳动等，包括与农业密切相关的食品科技进步；既从产业层面为读者解读全球粮食与农业的大趋势，勾画出未来农业发展的总体方向和可行路径，又从企业、产品层面介绍国际知名农业企业经营管理制度和机制、农业项目运营经验等，以期增进读者对"三农"的全方位了解。

我们希望这套"世界新农"丛书，不仅对"三农"问题研究者、农业政策制定者和管理者、乡镇基层干部、农村技术支持单位、政府农业管理者等有参考价值，更希望这套丛书能对诸多相关大学的学科建设和人才培养有所启发。

我们由衷地希望这套丛书成为回乡创业者、新型农业经营主体、新农人，以及有志在农村立业的大学生的参考用书。

我们会用心做好这一套书，希望读者们喜欢。也欢迎读者加入，共同参与，一起为实现乡村振兴的美好蓝图努力。

前　言

一转眼，MYFARM 公司已经成立 14 年了。2007 年 9 月，25 岁的我和时任董事职务的岩崎吉隆先生（当时为 32 岁）创立了这家公司。

迄今为止，MYFARM 已成功将 100 多处废弃耕地改造成租赁农园、体验农园、契约种植农场，以及农业学校实践农园等。

"体验农园 MYFARM"是我们开展的第一项业务。在农园里，即使没有任何农耕经验的农业初学者，也可以直接来到田里学习不使用农药的有机种植方法。我们把农地划分成一个个单独的小区块，每个区块面积在 15 平方米左右，租赁费用是每年 6 万~8 万日元。由于我们附带了额外的教学服务，所以租赁费用比同等面积的政府经营的市民农园要稍贵一些（市民农园的租赁使用费为每年 1 万~3 万日元）。

即便稍贵，在这项服务推出后，仍吸引了许多此前出于各种原因无法租用市民农园的消费者前来，尤其是那些平日忙于工作，却又渴望与孩子一起享受种植乐趣的人，以及想要亲手种植美味蔬菜的人。我们的体验农园的续租比例高达70%，且很少有人半途而废，这也让我们深感骄傲。于是，我们逐渐将这种亲自栽培自己所食用蔬菜的"自产自消"的生活方式推广开来。

"MYFARM农业创新大学"是我们公司的另一项主要业务。2010年，我们创立了"有机农业专科学校MYFARM学院"（后更名为"MYFARM农业创新大学"）。那些在"体验农园MYFARM"中发现种植乐趣的人，或是有志从事农业，想要亲身实践的人，都可以在MYFARM农业创新大学中进行更加深入的农业学习。除此之外，我们通过网络和线下教室教授理论知识，并与农园实践学习相结合，让学员同时掌握知识与技术。与此同时，我们也在努力协调废弃耕地资源，争取让那些从MYFARM农业创新大学毕业的人都能拥有一块属于自己的农地。

经常会有人问我："为什么你如此执着于农业？"以前，我总会回答："因为我喜欢农业。"但当对方继续问我为什么喜欢农业时，我却答不上来了。我也无法清楚地知道自己是从何时开始爱上农业的。于是，2012年，我将自己的人生经历整理成书。若是有读者在读完本书后能产生某些共鸣，或是在某个时刻突然萌生"我也想从事农业"的想法，那定会让我感

前言

到无比欣慰。

或许在阅读本书的过程中有人会产生共鸣："是呀，我喜欢农业，因为农村的空气实在是太好了。"或许有人会想："农业充满了商机，可以一试。"无论大家有何感想，只要对大家能有一点点启发，于我而言就是莫大的荣幸。如果各位对我一直提倡的"自产自消"有同感，或是有着更深入和前卫的见解，或许我们在将来的某一天还能成为伙伴，携手为农业界注入新的活力。我真诚地希望，这本书能引导诸位找到当前农业所需的活力。

农民拥有的众多无形资产、农村所蕴藏的丰裕、农业中蕴含的对社会至关重要的因素等，都需要通过实践具象化地彰显出来，而这也正是我们 MYFARM 努力的目标。

我平时不太谈及过去的艰辛和困难，但在这本书里，我把自己的经历和解决困境的过程毫无保留地展示给大家，希望大家能透过我这颗无数次徘徊在放弃边缘的心看到农业最真实的样子。正如我的名字"一真"一样，"一颗执着的真心"是我唯一的武器。在这个世界面前，我只是一个赤手空拳、微不足道的存在，希望读者朋友在看完我的经历之后，能生出"如此而已，我也能做到"的想法。

对于 MYFARM 所憧憬的"自产自消"的未来，我们定将不忘初心，始终坚持，以微薄之力为农业的进步贡献所有，也希望得到各位读者朋友的支持与帮助。

毋庸置疑，农业界将有所变化。那就让我们来改变吧！不，我们必须改变它！

西辻一真

2022 年 1 月

目 录

序言　在灾后的土地上播下希望的种子 \ 001

第1章
从荒地起步——种菜前先完善机制

和母亲一起种菜的童年 \ 023

为什么田地会荒芜？\ 028

不是领导者，而是调动者 \ 031

只要研发新技术，就能救农民吗？\ 033

比起种菜，更重要的是建立培养农业生产者的"机制" \ 036

创业准备 \ 039

在IT市场营销公司学习信息发布 \ 042

农业在呼唤我！\ 045

第 2 章

开垦——在株式会社解决社会课题

与创业搭档岩崎的相遇 \ 051

公司目标及服务对象 \ 056

设定两年期目标：先让体验农园事业获得成功 \ 060

没有农户愿意配合 \ 064

第 3 章

播种——与同舟共济的伙伴相遇

得力伙伴现身 \ 071

疏通人脉大作战 \ 077

初涉开垦工作，与黏重土质的交锋 \ 081

我们的口号是"自产自消"，自己种，自己吃！\ 085

融资——农园用户大募集 \ 089

遍地开花的农园、充满体力劳动的每一天，我们迎来了越来越多的朋友 \ 094

第 4 章

发芽——拓展农力，促进地区发展

农园建设的高峰期 \ 101

体验农园数量的增加，大大激发了地区活力 \ 105

农园顾问应站在"初学者立场"上 \ 107

MYFARM 属于服务行业 \ 111

剃光头也好，下跪也罢 \ 114

什么是"MYFARM 人" \ 117

想办法让大家都爱上务农 \ 121

作为一种企业福利方式 \ 128

3 年后，我们终于得到了回报 \ 132

第 5 章
收获——农业和人的联系越发密切

保卫食品安全的"自产自消" \ 139

如何吸引不感兴趣的人 \ 142

在 MYFARM 学院开展农业技术支持 \ 144

为大家创造务农的机会 \ 149

充分利用 IT 企业和媒体 \ 152

着眼于 10 年后的社会，不断向前奔跑 \ 155

第6章
收获，而后迈向新的荒地
——为建立"自产自消"型社会而努力

改善公司制度，迈出新的一步 \ 159

只要有机会，我就要跟农林水产省好好谈谈 \ 164

日本的农业应以"技术"谋发展 \ 166

我想扎根于仙台 \ 169

油菜花项目的后续 \ 171

为农民提供多方面支持 \ 175

漂洋过海的土壤改良剂 \ 177

进攻、进攻、进攻 \ 179

目标与愿望 \ 181

后　记 \ 187

中文版特别篇章——MYFARM 的后续 \ 191

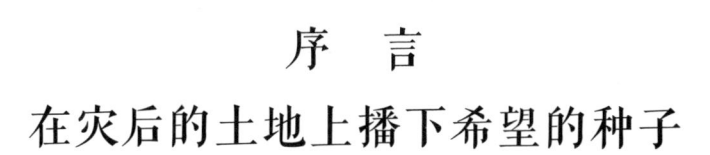

序　言
在灾后的土地上播下希望的种子

▶ **在经历了海啸的农地上，番茄结出了果实！**

2011 年 8 月 20 日，宫城县岩沼市。

因为这年 3 月 11 日东日本大地震引发海啸而遭遇盐害的田地里，繁茂的番茄苗已经长得比小孩子还高了。我和我的伙伴们开始了愉悦的采收工作。

"哇，它们长得好大！"

"这比我们预期的好很多啊！"

我们一边高兴地喊着，一边将一颗熟透的番茄尽收筐中。我们尝了下味道，差点儿开心得蹦起来！因为真的是太美味了。用糖度计一测，这些番茄的甜度居然高达 9，要知道，普通番茄的平均甜度只有 5 而已。

那天的番茄采摘异常热闹，过道上站满了附近赶来看热闹的农民，报社和电视台的记者也蜂拥而至。因为我们用来种植番茄的土地，是一块我们通过独家开发的土壤改良剂复苏的被海啸盐害的几乎无法种植蔬菜的农地,我们将这些番茄称为"复兴番茄"。这种土壤改良剂的开发灵感源于福井县的吡咯农法①和冲绳的珊瑚沙粒农法②,利用近十种材料调配而成。

媒体们最关注的是盐害土地的修复速度。3·11地震发生后,日本政府曾发布预期,认为"用淡水冲洗受盐害影响的土壤是去除其中盐分的最好方法。使用这种方法来修复土壤,大约需要三年时间"。而在我们种植出"复兴番茄"的这片农地上使用土壤改良剂只花了短短的一个月,便成功降低了土壤中盐的浓度。不仅如此,这种土壤改良剂还不含其他化学成分,只使用了日本特有的好氧微生物和海草等天然成分的纯天然制剂。

对受盐害农地的调查、土壤改良剂的开发、农地试验、番茄的试栽培及收获……我们将这一系列工作统称为"复兴番茄项目"。在与地方自治体、NPO(非政府组织)及大学等机构的共同努力下,这个项目终于宣告成立,并由我担任社长的位于京都市的创业企业MYFARM全权负责。当看到一颗颗鲜红甜美的番茄时,"复兴大业"成功的喜悦填满我的内心,无以

---

① 将含有吡咯成分的材料投入农地中,从而提高土壤中的蓝藻活性,达到增加土壤含氧量的农法。——译者注

② 使用化石化的天然珊瑚沙、苦土石灰、硅砂混合而成的天然基质进行种植的农法。——译者注

序言　在灾后的土地上播下希望的种子

2011年8月20—21日，持续两天的"复兴番茄"采摘活动吸引了许多当地的农业爱好者和来自东京的游客帮忙。

言表。

说到这里，或许大家心中会生出一丝疑惑：为什么一家远在京都的公司会选择来仙台开展"复兴番茄项目"呢？我这便为您解惑。

▶ "若是来看笑话的，恕不接待！"

2011年3月9日，也就是东日本大地震发生前两日，我正在仙台市受邀参加一场面向创业人士举办的研讨会。

事实上，我去仙台还有另一个目的。2010年MYFARM在滋贺县野洲市创办的农业专科学校MYFARM学院获得了广泛好评。于是我们计划在2012年于大阪府高槻市、横滨市以及千叶县的东金市分别开设一所MYFARM学院，目的是逐步将事业范围扩大至日本农业的中心地——东北地区。我在研讨会上表示我们已经着手准备，并希望得到社会各界的支持。

3月10日晚上，我回到了京都。3月11日下午2点46分，东日本大地震发生。

"不知道仙台的朋友们是否平安？"

我给两天前交换过名片的所有人都打了电话，但无一例外全都无法接通。到底情况如何了？当时我真是心急如焚，迫切想要为大家做点什么。也非常担忧那边的农地状况……

序言　在灾后的土地上播下希望的种子

不久后，我在推特上看到一条信息，是我在几日前的研讨会上认识的一位名叫伊贺健康的 60 多岁老大哥发出的。那日研讨会结束后他对我说："我已经关注你很多年了，因为我觉得你的商业理念非常优秀！今天有幸见到你，我很开心。"

伊贺在推特上写道：所幸我们一家没有受到太大的损失，可是沿海地区的同胞们却没有我们这么幸运了。余震不断，我的妻子也时常因此受到惊吓。

我在他的推文下表达了自己想去一趟仙台的想法。虽然身处灾区，但他依旧表示愿意接待我，于是我在表达了深深的谢意后，与他约定了见面的日期。

接着，我将手头的紧急工作迅速处理完，于 3 月 20 日启程前往仙台。当时，东京往北的公共交通已经悉数停运，我便从东京租了辆车直奔仙台。

见到伊贺先生后，我们一起去了东北农政局、避难所等多个地方，也拜访了几位当地的大农户。一路上，我望着一片片被海水淹没的农地，心中担忧不已，因为我知道深受盐害破坏的土地是很难修复的。

我还拜访了一位在研讨会当天交换过名片的农民，并询问他是否需要帮忙。谁知他听完竟勃然大怒，冲着我大喊："若是来看笑话的，恕不接待！"

于是我们就没有再说什么了。我知道，在前所未有的大灾难面前，所有人都会感到焦虑、慌张和不安，却又不得不面对残酷的现实从而变得筋疲力尽。在这种情况下，谁又有余力接纳我的加入呢？

那么，我能替他们做点什么呢？

无论街道还是农地，都需要很长时间来恢复。于是我决定先暂缓一下，等一切稳定下来再看看这里的人们需要什么。我觉得这是自己的使命，因为这片东北大地已经向我发出了求救信号。

▶ 向农林水产省发邮件报告当地的状况

伊贺先生带着我来到被海啸严重破坏的仙台市沿海地区。我们踏遍了距离海岸线 6~7 千米的内陆农地上的每个角落，同时拍了很多照片。

农地上漂浮着各种各样的东西。医院附近的农地上随处可见金属、医疗器械，甚至还有移动厕所，也不知道是不是从附近的工地漂过来的。

"看样子，土壤上已经布满了'环境荷尔蒙'①……"

---

① "环境荷尔蒙"，是指外因性干扰生物体内分泌的化学物质。——译者注

序言 在灾后的土地上播下希望的种子

我们继续向前走去,前方就是东部道路了。这条路建在一个 10 米高的堤坝上。我们翻过堤坝来到了另一侧。这一侧土地上的漂浮物明显要少得多!因为堤坝起到了很好的阻拦作用,降低了海啸的杀伤力。这一侧的农地应该能较快恢复。

这些情形都被我用照片记录了下来,并通过电子邮件发送给了农林水产省大臣官房政策科的山口靖企划官(时任)。我自 2010 年起开始担任农林水产省政策审议会的委员,这位山口先生是该审议会的事务局成员。对于我们这些年轻农业企业家的建议,他向来十分愿意倾听。

尊敬的山口先生:

久疏问候,望见谅。

我是 MYFARM 的西辻。

前几日我去东北地区的农地进行了实地勘察,除了盐害外,重金属、医疗垃圾等物质对土壤的影响也不容忽视。除此之外,附近污水处理厂流出的废水中想必也含有大量的大肠杆菌。许多农地惨遭破坏,灌溉渠道也不能幸免。

特此报告,望知悉。

希望这些信息能为当地的重建提供一些帮助——我暗自祈祷着,并按下了"发送"键。

不久后我就收到了山口先生的回信:"十分感谢!你是第

■■■ 从荒地到市民农园

仙台市若林区的农地。地面出现裂痕，盐害严重。漂浮物中还经常出现家用电器之类的东西。

序言　在灾后的土地上播下希望的种子

一个告知我这些信息的人，比当地人以及农林水产省的同僚都快。"

我向来是行动派。无论什么事，一旦认定，就会毫不犹豫地立刻行动起来。MYFARM 的股东，同时也是非常优秀的顾问——岩崎吉隆和谷则男二位平时就总说我"有点暴走了"，不过，我觉得"暴走"恰恰是我存在的最大意义。我一直觉得，创业型企业存在的意义就在于快人一步，敏锐地感知社会需求，并勇于接受挑战。

于是，MYFARM 在 2011 年 3 月 28 日与当地的 NPO（非营利组织）及农户联合开启了"Send-ai 传递项目"，希望能为受灾的农户或居民提供一点帮助。同年 4 月中旬开始，我们正式投入到东北地区的农业复兴工作中。

日语中"仙台"读作"sendai"，这与"传递爱"的"send-ai"发音几乎一样，所以我们将这个项目命名为"Send-ai 传递项目"。这还是伊贺先生想出来的好点子。长年从事电脑维修工作的伊贺先生还有另一个身份——仙台特产的策划出品人，负责生产销售带有"Send-ai"（仙台）标志的 T 恤。我觉得这个名称简直太符合我们此次的项目概念了，便请求伊贺先生同意我使用这一名称。

我希望通过"Send-ai 传递项目"实现以下三个目标：

①将关西地区的蔬菜等农产品运往受灾地区。

②恢复因盐害而无法使用的农地。

③通过社会募集的方式,为东北地区失去家园或水田的人提供临时住所。

针对第一个目标,我们向 MYFARM 用户的受灾亲属或朋友定期免费提供一些来自关西地区的、易于保存的农产品。

针对第二个目标,我们与当地的农民、NPO 以及一些企业共同努力,调查被盐害的农地并思考恢复方法,这才有了开篇提到的"复兴番茄项目"。除此之外,在有幸未遭受盐害的地区,为了帮助那些因地震错过了耕种时间的农民,从 2012 年 3 月起,我们雇用了一些当地的农民来种植普通农作物。

针对第三个目标,考虑到日本有很多废弃耕地,我们决定借助网络的力量找到一些可以同时提供废弃耕地和民宅的人,接着为受灾农民匹配到最合适的地点。当然,这并不意味着这些农民要永远在那里定居下去,这只是一种过渡性措施。与此同时,MYFARM 的官网主页上也将长期刊登这一募集信息。

▶ 我们等不了 3 年

根据我与伊贺先生对太平洋沿岸农地受损情况的观察,我发现这一带农地主要存在两个问题:"灌溉渠道的损坏"以及

"盐害"。而盐害（海水损害）对农地的影响又主要体现在以下三个方面：

①土壤中的氯化钠（NaCl）含量过高，导致土壤渗透压过大，从而对植物根系吸水产生了极大阻碍。

②土壤中为植物提供养分的微生物被杀死，即便盐度降低，农作物也无法生长。

③钠离子与钙离子的互换导致土壤含钙量急剧下降，进而导致农作物缺钙。

MYFARM 决定先解决盐害问题。于是，我给 MYFARM 的顾问，同时身兼京都大学名誉教授的西村和雄先生发了一封邮件。

西村先生，您好。现今东北地区的农地因为盐害问题已经无法耕种。不知先生可有什么良策？

其实我事先也做了一些调查，最后发现解决方案近在眼前。我想起自己在大学时代曾学过日本各地的传统农耕法，而其中最适合解决盐害土地的方法，是来自我家乡福井县的"吡咯农法"。

简单来说，"吡咯农法"就是利用海水中十分常见的一种名为"蓝藻"的微生物来改善土壤质量。在光合作用下，蓝藻会吸收盐钠离子。所以，将蓝藻混入土壤后，它就可以不断地吸收盐分，最后用水一冲，就能大幅降低土壤中的盐分浓度了。不仅如此，蓝藻还具有一种非常厉害的能力——造氧，自然也就给土壤补充了养分。我非常想将这种农法推广到全世界。

随着研究的深入，我们终于调配出了独家土壤改良剂。主要成分包括吡咯材料（"吡咯农法"中使用的混入了蓝藻的肥料）、冲绳的珊瑚、北海道的海藻及其他类型的微生物。当我们在当地的农地中撒入这一改良剂后，原本土地的盐分浓度为3%，竟在短短3周时间内降到了1%。

看样子，我们的这个方法可行！

结果出来后，所有人都欢呼雀跃。

我们之所以这么迫切地想要开发出一种土壤改良剂，最大的原因就在于本章开头提到的政府及专家们的意见——"用淡水冲洗受盐害影响的土壤是去除其中盐分的最好方法。使用这种方法来恢复土壤，大约需要三年时间。"

如果这样，当地的农民要怎么办？要干等三年吗？让当地的农民在这三年里省吃俭用，专心进行盐分去除工作，等三年过后再重新开始耕种吗？要真是那样，他们这几年可怎么过啊！此外，我也听到了一些消息，说是可能会在这里设立大型农业生产法人，并在东北地区打造日本新农业模式，可我更关

序言　在灾后的土地上播下希望的种子

MYFARM的土壤改良剂

农地盐分浓度下降至1/3以下！

● 农园A

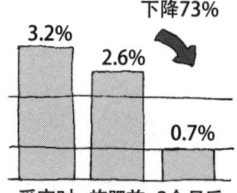

3.2%　2.6%　下降73%　0.7%

受灾时　施肥前　2个月后

海水 2.0%
番茄生长环境
限值0.7%

● 农园B

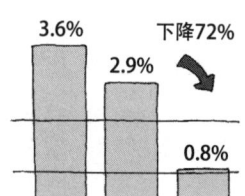

3.6%　2.9%　下降72%　0.8%

受灾时　施肥前　2个月后

注：土地所有者调查结果。一般来说，海水中的盐分浓度为2%左右。受灾后农地盐分浓度变高是因为水分蒸发后盐分全都聚集在地表。

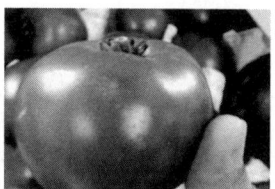

结出了甘甜可口的番茄

心的是那些被排除在外的个体农户。

"如此一来，东北的农业可能就会消失了。"

正是这种紧迫感促使我们要以最快的速度寻找修复农地的替代方案。于是，MYFARM 便决定与那些希望保护当地农业的农民以及愿意为此伸出援手的当地及关东地区的消费者联手，开发土壤改良剂。

照这个结果，可能只需一个月，我们研发出来的土壤改良剂就能让当地的农地恢复耕作力了。

▶ 大企业也参与了我们的"赌博"

我希望这种土壤改良剂能够让东北各地的农地尽快恢复活力。但仅靠我们的人力和资金是难以做到的，因此我们向许多公司发出了合作邀请。

幸运的是，我们得到了 MYFARM 农园的网络摄像头供应商 NTT DOCOMO 和网络传感器供应商 NEC 的支持。于是，MYFARM 和 NTT DOCOMO、NEC 就土壤改良剂的量产达成了三方合作关系，NTT DOCOMO 和 NEC 不仅为我们提供了材料搅拌机，也承担了一部分原料成本。

一切准备就绪后，我们在东北地区选出了大约 20 块由 MYFARM 出资支持的农地，设置了可测量降雨量、温度、湿

序言　在灾后的土地上播下希望的种子

度和风向等要素的 DOCOMO 环境传感器，以及用于测量土壤盐分浓度和温度的 NEC 农地传感器。加入土壤改良剂后，在线获取数据并进行分析。两种传感器采集到的数据为我们评估改良剂效果提供了依据，同时也有助于我们将这一产品推广给更多的农户。

　　两家公司的慷慨支持，既让我感动，又让我感到些许不安。在东北某块农地中表现尚佳的土壤改良剂，应用到 20 块农地后，可能会出现不同的结果。因为材料与土地间的兼容性也是个必须考虑的问题。若不进行实地测试，谁也无法预料这种改良剂究竟对所有受灾的农地是否都有效。这是一场赌博，没人知道胜算几何，可是已经有两家大公司加入这场赌博了。一旦失败，他们可能会被世人嘲笑"真是无知者无畏啊"。

　　MYFARM 也是如此。一旦失败，我们可能就再无翻身之力。但我们必须赌一把。一旦有幸成功，就能为当地农民带去希望，让他们相信"东北的农地会变得更好"。我们之所以愿意冒这个险，是因为想在当地播下"精神救助的种子"。

　　至于结果，大家都已经在本书开篇看到了——我们取得了巨大的成功。同时，我们也决定继续改进与 NTT DOCOMO 以及 NEC 合作的这一项目，并不断推广到全世界。

▶ 比"科学依据"更重要的东西

"复兴番茄"与我们研发的土壤改良剂被各大媒体报道后，引起了极大的社会反响。

但其中也有很多批判的声音，半数以上的反对声都来自专家们："你们这么做，有什么科学依据吗？"

事实上，无论是如今的日本政府还是民间企业，似乎都只相信学会等机构发表的内容，也就是那些"已经过科学证明"的内容，而对那些"无科学依据"的结果，往往不会给予任何支持。这种情况不仅仅针对我们这次的项目，而是已经成了一种普遍现象。然而，自然界中能被科学证明的现象也不过百中之一罢了。因为所有的"科学验证"，都需要大量的时间和劳动力予以支撑。

我们开发的这款土壤改良剂，已经让遭受盐害的农地结出了番茄等农作物，这是不可否认的事实。可即便如此，某些人依旧用"尚无明确的科学依据"这种理由来拒绝推广。我们确实掌握了扶危助困的方法，但如果不尽快采取行动，重振日本东北部农业，就会有更多的农民继续身陷无助的境遇。

我想那些科学家也一定都明白降低盐分浓度的原理，但他们并没有设法将这些知识运用到实际的农业生产中。这也是我

序言　在灾后的土地上播下希望的种子

在此次项目中感触最深的部分，掌握知识、研究出成果、具有充分的科学依据——无论哪一样都是非常重要的，但我希望大家不要止步于此。

▶ 撒下希望的种子，让油菜花开满田地

社会上虽有批判之声，但毕竟成果已经摆在大众面前，所以我们的土壤改良剂还是被用到了更多的农地中。除了番茄，这些农地里还种植了卷心菜、葱等其他蔬菜，并且无一例外全都大获成功。

2011 年 11 月 20 日，我们与宫城县亘里町政府、宫城大学、东北艺术工科大学、FURUSATO FARM 和大阪 NPO 中心等机构共同在宫城县亘里町沿海的吉田地区开展了油菜籽播种项目，并为该项目取名为"一抹幸福黄"。

在征得当地农民同意后，我们在 13 公顷的农地上撒下了土壤改良剂。项目启动当日，有 100 多名当地居民来到现场，其中包括 10 多名当地农民和一些学生。项目的第一步是捡拾散落在农地里的漂流物。

眼前这片棕色的土地曾经是无数人的家园。鞋子、佛龛上的牌位……散落在农地里的一件件物品，都在向我们诉说着这里的往昔。这是一个静穆的时刻，仅仅这一项工作，我们就花

了至少 2 小时的时间。

　　清理工作结束后，所有参加者一起在这片土地上撒下了 80 千克的油菜籽。大家排成一列横队，跟随太鼓声的节奏，一边迈步向前，一边播撒种子。由于那天到场的人数远远超出了我们的预计，导致运营人员有些手忙脚乱。所幸参加者中有一些经验丰富的人士，帮着指导大家如何列队，如何播种，为我们帮了很大的忙。播种结束后，一阵雷鸣般的掌声响起，所有人的心情都十分激动。有人说："田里还有一些漂流物未清理，我想再捡会儿。"于是，有些参加人员一直捡到了日暮时分。

　　之所以想在这些地方播种油菜籽，去除盐分自然是其中的一个目的，但更多的是想"在所有人的心中播下希望的种子"。没有播种的区域后来被改建成停车场，而那些播下了油菜籽的土地，在不久的将来定将化为一片黄色的绒毯。我相信，当大家看到重新焕发生机的富饶土地后，土地修复的意义会不言自明。

　　不仅如此，这个项目也有助于促进当地农民就业。播种完成后，无论是油菜花的养护还是后续农产品的加工、制造和销售，都需要雇用一定数量的劳动力。事实上，这也是我们决定启动该项目的目的之一。

序言 在灾后的土地上播下希望的种子

2011 年 11 月 20 日开展的"一抹幸福黄"项目。开春后,这里便会化为一片黄色的花田。

我想为日本东北地区的农民创造更多的就业机会。在计划实施"复兴番茄项目"时，我曾到避难所里问过当地农民是否愿意使用我们的土壤改良剂来修复农地。然而，许多年长的农民都表示不想再耕作了，宁愿靠着政府的补偿金度日。

"为日本人民提供食物的日本东北人，已然筋疲力尽。"

这让我长叹了一口气，但我也想告诉他们：

"我们会尽力为大家提供帮助，所以请不要轻言放弃，让我们一起努力吧。"

"到油菜花盛开的时候，我们会举行一场活动。接着我会尽最大的努力为大家找到加工产品的销售渠道。"

播种活动结束后，我开始思考下一步计划。给大多数日本人，尤其是东北地区的人带去希望，这是我最大的心愿。总之，我必须鼓励灾区的农民走上自力更生的道路。

我们在日本东北地区的挑战才刚刚开始。

第1章

从荒地起步

——种菜前先完善机制

和母亲一起种菜的童年

接下来让我们回到过去，一起听一听我小时候的故事吧。我之所以会创建 MYFARM，其实与童年的经历有着密切的关系。

从出生到上小学之前，我一直居住在福井县坂井市的三国町，从上小学到 18 岁考入大学前的那段时光，则是在福井市灯明寺町度过的。虽然居住地发生了变化，但我家房子后面却一直有一块农地，母亲会在地里种些蔬菜。住在三国町的时候，屋后的农地面积约有 50 平方米，搬到福井市后虽然有所缩减，但也有 30 平方米左右。在我看来，作为出于兴趣种植的家庭菜园，这两片田地的大小都是绰绰有余的。倒也并非我们家的情况特殊，现在回想起来，街坊四邻似乎也都拥有一片可种植蔬菜的农地。但我的朋友大都出身农村，所以基本都不会在家中种植蔬菜。

虽然不清楚个中原因，但我从懂事开始，就一直在帮母亲种菜。萝卜、胡萝卜、马铃薯、圣女果、番薯……在母亲的指导下，我种植过各种各样的农作物。上小学后，我已经不满足于仅仅模仿母亲的种植法，开始萌生竞争意识。我会自己尝试着调整鸡粪的用量，暗暗想着"我种出的菜一定能超过妈妈"！

"这是我的地，那是妈妈的地。"

我要和母亲比比谁种的菜更好！于是我把田垄分成了两部分，满脑子想的都是"我不会输给妈妈的"。后来问过母亲我才知道，那只是我"一厢情愿"的比赛罢了，母亲一直没有和我比赛的意思（笑）。我到现在都还记得，当时我将日照较好的地方留给了自己，日照不好的地方分给了母亲。到了冬天，我会仔细观察田地里哪个地方日照好，哪个地方在白天背阴。到了春天播种的时候，我就总会劝母亲选择日照不好的地方，"妈妈，你在那边种吧。那边的土比较多。"

"我感觉要松松土，蔬菜才会长得更好。"

"日照和排水都对蔬菜有很大影响吧。"

"如果种番薯，就要挖得深一点才能长得更大吧。"

在种植蔬菜前，我总会像这样先进行一番孩子式的猜想，然后才正式开始种植。顺便说一句，无论是"松土法"还是"深挖法"，都是我自己摸索出来的"种植法"。自己动脑思考，找到最佳种植方法，于我而言是一件非常开心的事情。我常在休息日用铁锹挖出一个深洞，或者从其他地方运土过来。

第1章 从荒地起步——种菜前先完善机制

从懂事开始我就一直在和田地打交道。那个时候的我，还没有产生要和母亲竞争的想法。

几个月后，菜地里陆续结果，这些果实同时也是我自己的试验成果。番薯好大！比母亲种的还大！当然，也有结果不如自己预期的时候，甚至发生过种薯腐烂的情况。

"农业是培养思考能力的最好教材。"这是后来我从MY-FARM董事谷先生那里听来的一句话。在我看来，这句话简直把农业的魅力表达得淋漓尽致，但也许，早在孩提时代我就已经从种植蔬菜的经历中深切感受到了这一点。

农作物的生长需要花费很长的时间，而我们能做的只有等待。不过，我们可以在等待期间多花一些心思，把等待的日子过得更有意义。夏天杂草生长旺盛，所以要勤除草，以免种子被杂草吞没。入冬后，土壤的温度下降，就要提前铺好稻草为土壤保温。还要在农作物旁边种植有气味的植物，帮助农作物驱虫。

当然，只要撒上种子，即使我们什么都不做，种子也会发芽。但如果任其自生自灭，最终可能根本无法收获，即便不至如此，种出的农作物和那些精心培养的相比，也只能是相形见绌了。总而言之，花费的心思不同，结果也会有很大的差异。努力的过程和结果，一定会以显性的方式展现在我们面前，这也是农业的有趣之处。很早我就认识到了这一点，这也是我从小就痴迷于农耕的一个重要原因。

另外，种植方法不一定非要靠自己苦心钻研。如果身边有其他从事农业种植的人，而且能种出长势非常好的蔬菜，那我们完全可以虚心请教。这样不仅能从他人那里获取有用的信息，还可以在交流过程中增进感情，建立起新的人际关系。如此，在培育农作物的过程中，我们还能提升解决问题的能力——我认为就是所谓的"人间力"。农业有着深远而广阔的魅力。

为什么田地会荒芜？

虽然我从小就喜欢种菜，但让我下决心走上现在这条道路的决定性因素，还是发生在高一那年的一件事。

当时我就读于福井县立藤岛高中。在去学校的途中，有一个地方引起了我的注意。位于我上学必经之路上的福井平原，大片稻田和菜地都已经荒芜，长满了芒草之类的杂草。我还注意到，在我家周围和上学的路上，荒地的数量还在不断增加。

在我看来，这光景简直不可思议。从小时候开始，我就从田地中领略到种菜的乐趣。看到能给人们带来无数美好瞬间的地方被放任不管，总觉得有些愤愤不平。我总是从这些废弃耕地中斜穿而过，心里想着"为什么人们都不耕种这些田地呢"。而且，从荒芜的田地中，我感受到了近似于"失败""认输"的消极颓废气息。祖祖辈辈赖以生存的农地，为什么就这么轻易地被遗弃了呢？也许比起我们的祖辈，现代人的能力在不断衰退吧……但我还是不甘心。这些荒地让我内心五味杂陈，也让我产生了"要做点什么"的想法。

第1章 从荒地起步——种菜前先完善机制

"您说，为什么大家都放任不管，不耕种呢？"

我向当时的班主任提出了这样的疑问，老师是这样回答我的："我的父母都是农民。虽然这是一份非常重要的工作，但在当代，应该很多人都会觉得这份工作太辛苦，所以选择了放弃吧。"

与此同时，社会课的老师告诉我："听说有些农民不想让自己的孩子继续走这条路了。后继无人导致日本的农业从事者出现了老龄化趋势。照现在的情况来看，日本的农业大概会进一步衰退吧。"

在那之后，我又展开了更深入的调查。弃耕的稻田和菜地之所以越来越多，还有一个主要原因就是在我上初中的那个年代，日本的《粮食管理法》被废除，并被《粮食法》所取代，"减反①政策"力度加强，生产调控措施变得更加严格。

减反政策是指政府为了调控大米的价格而限制大米生产量的政策。如果全日本各地都种植大米，大米产量就会增加，从而导致价格战，大米市场就会崩盘。为了防止这种情况的发生，政府鼓励民众在水田里种植大豆和小麦等农作物来取代水稻。于是，那些只懂水稻种植之道的农民因为"不合算"而被迫放弃了耕种。

---

① "减反"是指控制耕地面积。——译者注

得知这一原因后,我的第一感觉就是"怪"。人要想活下去就需要食物,要生产食物,农业就不可或缺。明明有田却偏偏不耕种,这是什么道理呢?这不是捧着金饭碗要饭吗?难道就不能建立一种让农民赚钱的机制?为什么这么多年都没能建立起一个完善的机制?向母亲提出了这一连串的疑问后,我宣布了自己的决定。

"我大学要考农学部,您觉得如何?"

"那你考虑考虑好好研究生物技术,并用这种技术来种植蔬菜。或许,这将成为一份造福后世的重要的工作。"

生物技术是当时最受瞩目的研究领域之一。确实,研究可以振兴福井地区的珍奇蔬菜应该非常有意思。如果真能研究出来,福井的耕地也许就可以重新焕发生机。

我从老师和母亲的话中得到启发,确立了新的目标。同时也将自己的升学目标定为了京都大学农学部。

不是领导者，而是调动者

说起高中时代，还有一件事也刻在了我的记忆里。在我刚刚修完高二的课程，马上就要升入高三的那段时间，我经常在放学后和班里的同学一起在教室或者家里学习。

我所在的藤岛高中进入高三后就按照成绩来分班。虽然我的成绩足以进入"升学班"，但我实在无法接受仅凭头脑好坏来分班的做法。我把自己的想法告诉了班主任。在我的一番软磨硬泡之下，终于如愿以偿地进入了普通班。在普通班里，我组织了几个同学一起学习。

这还要从一个小插曲说起。在夏季班级足球对抗大赛上，我们输给了升学班。比赛结果出来的那一刻，我的同学说了这样一句话：

"我们班真没出息，踢足球输，学习也输。"

听完同学的话，我忙安慰道："那我们就一起学习，争取打败升学班。我就是你们的竞争对手，我会一边学一边教大家的。"就这样，我们几个人自发组成了一个"学习组"。

后来，我们班物理、地理等学科的平均分多次达到年级最高。比起自己一个人提高成绩，大家一起提高更让我感到开心。也许，我是个害怕寂寞的人，我非常喜欢和别人一起做事，那时候我就经常这样想。

但是实际上，我不喜欢当领导，直到现在也不喜欢。母亲也经常说："你就是那种喜欢带一大堆朋友回家，但又从不发号施令，而是笑眯眯地和大家一起玩的类型。"这也许是对我最精准的评价。

虽然我如今身处"社长"这个领导之位。但我并不是那种高呼"都跟我来"的领袖型领导。相反，我总是觉得自己应该身处最底层的位置，员工的所有烦恼，无论工作还是生活，最终都会流向我这里，我觉得这才是真正的"领导"。处于组织最上层的，永远都应该是一线工作人员，这才是最理想的状态。

所以，当我想"做点什么"的时候，我就会逐一询问大家的意见。听完后如果觉得"大家应该都会支持我这么做，想必这件事也会进展得非常顺利"，就会立即着手行动。任何项目都要在进行民意调查、征求群众意见的前提下开展。我的功能就是创建一个能够充分调动一线工作人员积极性的机制。当然，我也在拼命思考如何巧妙地运用糖和鞭子，达到权利和义务的平衡。

只要研发新技术，就能救农民吗？

复读一年之后，我终于被第一志愿——京都大学农学部录取。大三那年，我开始在研究室研究大豆品种改良，这也是我从高中时代起就一直想做的研究。同时，我还在大阪府高槻市的高槻农场培育学长们开发的品种以及其他处于研究阶段的农作物。我曾亲手栽培过桃子、柿子、水稻等各种农作物，这些经验对我在现在公司的农园中开展蔬菜种植指导也起到了很大的作用。

当时我主攻的是大豆和小麦的品种改良。我有一个美好的梦想：在漫画《龙珠》（鸟山明著）中曾出现过一种名叫"仙豆"的豆子，这种豆子的营养价值极高，只要吃上一粒，饱腹感可以延续数日，即便身受重伤也能瞬间痊愈。我想研发出拥有这种神奇力量的大豆，然后从空中一撒而下！

不知道是不是这个宏伟的梦想发挥了作用，我终于在大豆的研究中取得了满意的成果。我成功改良出了一种皂苷含量远超普通大豆的品种，而皂苷是被医学界公认的可有效治疗癌症和艾滋病的物质。

我在京都大学高槻农场种植农作物。细长的牌子上写的是品种改良者和农作物的名字。我和研究室的伙伴们一起培育了数千种农作物。

但是，接下来的研究结果表明，这个品种只能在长野县的某个地区生长，也就是说，只有在某种特定的气候条件下才能进行培育。不仅如此，如果想要上市销售，还要申报国家批准，甚至和一些法律规定相冲突。可见，距离这种大豆进入市场还有一段漫长的道路。我甚至不知道在自己的有生之年里能不能成功看到它上市。

我犹豫了，我不知道自己还有没有必要继续进行这项研究。我的初衷是"开发出能够振兴福井地区的蔬菜"，如果不能实现，还有必要继续在这条路上走下去吗？

"这个研究，可能不是我想要的……"

我想开发的是能帮助农民致富的技术。但是，我现在做的事情似乎与农业生产第一线相去甚远……正当我为这样的矛盾烦恼的时候，我在大学的课堂上学到了一个新知识。而这个知识也彻底改变了我的价值观。

比起种菜，更重要的是建立培养农业生产者的"机制"

我当时读了我的教授山田利昭先生撰写的《关于食物的报告》。截取报告的一部分内容与大家分享：

- 世界人口在不断增加，且这种趋势会长期持续下去。
- 因此，为了避免陷入食物危机，必须增加食物。
- 但是，生产食物的人在不断减少。
- 因此，为了提高产量和生产效率，必须进行品种改良。

也就是说，报告中强调的是品种改良的必要性。可我读完却生出了一个疑惑：我们真的需要过度的品种改良技术吗？或许第三条中列出的问题"种植农作物的人在不断减少"才是真正的症结所在吧。在致力于开发产量更高的农作物之前，难道不应该先培养从事农业生产的人吗？这就是我读完报告后最大的感受。

第1章　从荒地起步——种菜前先完善机制

在那一瞬间，我的世界里发生了"范式转移"①。至今为止，我一直以为农业就是种植农作物。但是，如果仅仅如此，也许并不能为日本农业带来光明的未来。我开始有了不同的想法。

除了这门课之外，我在大学里还选修了流通、法律、农业经济等多门课程。如今重新回看当时的成绩，我发现比起自己的专业课，其他学科的成绩反而更好。而在对农业进行综合性学习的过程中，我心中的疑问也越来越强烈。

正好也是在那个时候，社会上掀起了一阵"乐活主义热潮"。周末就该离开喧嚣的城市，去亲近自然，田园生活才够时尚——许多住在城市里的人都生出了这样的想法。当时居住在京都府绫部市的盐见直纪提出的"半农半×"（一边工作一边种植自己食用的农作物）的生活方式，似乎也是从那个时候开始慢慢普及开来的。

于是，我突然有了个想法。对啊！把那些废弃耕地改造成让这些人享受田园生活乐趣的地方不就可以了吗！？在研究怎样种植蔬菜之前，先建立起完善的机制，也许这样就可以改变日本农业的现状！

---

①　"范式转移"原意是指一个领域里出现新的学术成果，打破了原有的假设或者法则，从而迫使人们对本学科的很多基本理论做出根本性的修正。——译者注

但现在具备实现这一想法的条件吗？我立即展开调查，答案是"没有"。最大的问题在于法律。为了不影响粮食自给，《农地法》中规定："农业用地作为食物的生产场所，任何人都不得擅自将其用于建筑等其他目的。"但是第一条中又明确规定："农业用地归耕作者所有。"也就是说，不能租借他人的农地进行使用。出于这些规定，企业很难从农民手里租用土地用于商业活动，闲置地也只能一直被闲置（但是，2009年对《农地法》进行了修订，现在企业可以租借农业用地，参与农业经营活动）。

有没有一种方法可以让我在不触犯法律的前提下开展这项业务？于是，从大四起，我就开始阅读大学图书馆藏的各种农地法相关的书籍，经过深入调查，终于找到了一个解决方法——让用户在农地上体验农业生产活动。如此一来，就不能视为向土地所有者租借农业用地了。这可以算作"农园利用方式"，并不触碰法律红线。所以我考虑成立一家服务公司来承接集客、收费、农地管理等与运营相关的各种烦琐业务。

如果能将这种机制推广开来，就可以减少废弃耕地的数量。另外，如果农园的用户能够种植蔬菜，还可以提高日本国内持续降低的食品自给率。就这么办！我因自己的想法而兴奋不已，迫不及待想要立刻把这个做法在社会上推广开来。

创业准备

于是，我的关注点开始逐渐从研究室转向现实社会。此外，勤工俭学时发生的另一件事也更让我坚定了自己创业的想法。

大二到大四期间，我一直在京都市内一家叫作"PRONTO"的咖啡店里兼职。这是我第一次在餐厅打工，也是第一份直接面对客人的工作。虽然我干劲十足，但刚开始却是状况不断。

为客人结账太慢、跟客人沟通时表现得不够自然、在后厨帮忙时总是添乱、鸡尾酒调得不好……当时我每天都过得十分狼狈。管理咖啡厅的经理终于看不下去了，跟我说："你可真是没用，犯了这么多错误，至少应该比别人更懂得该怎么道歉吧？听着，你要告诉自己，你就是为道歉而生的。"

"好，我知道了。对不起！"

即便现在我已经身为社长，也仍然没忘记这句"向别人道歉"的教诲。那在怎样的场合下需要向别人道歉呢？这个话题容后讨论。那时的我，在还不知道自己究竟应该做些什么，不知道怎么做才能让工作更加顺利的情况下就鲁莽行事，不仅没有帮上忙，反倒给别人添了很多麻烦。最后，经理把打扫卫生和扔垃圾的工作交给了我，于是我决定一边做这些工作，一边好好观察一下咖啡店的情况。

除我以外的其他人似乎都在自己的工作中游刃有余，而且不会对他人的工作造成妨碍。我和他们之间究竟有什么不同？来店里的客人在需要服务时，会有什么举动？他们通常会提出什么要求？带着这些疑问我进行了认真细致的观察，最后也有了一些独到的心得。

我想让自己的工作尽快步入正轨，成为店里的得力干将，所以我每天都会去店里报到。我从大三起就开始做研究了，我需要把1000多种大豆一个一个地浸泡在试剂里，8小时后再来看结果。所以，从把大豆浸泡在药剂里到结果出来之间的8小时，正好可以让我用来打工。

在PRONTO打工的第二年，发生了一件意想不到的事情。之前被经理指责"没用"的我被任命为那家店的教导员。教导员的工作包括计算销售额、负责店面的每日记录等，也就是对店面的日常工作进行总结，然后向统管多个店面的职员提交报告，并一起做分析。能承担这份责任重大的工作，我着实感到十分开心。

在工作中，我总是一边观察整个店内的情况，一边在工作

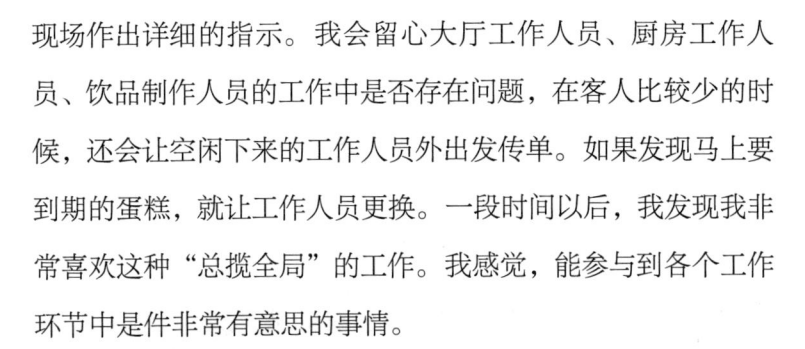

现场作出详细的指示。我会留心大厅工作人员、厨房工作人员、饮品制作人员的工作中是否存在问题，在客人比较少的时候，还会让空闲下来的工作人员外出发传单。如果发现马上要到期的蛋糕，就让工作人员更换。一段时间以后，我发现我非常喜欢这种"总揽全局"的工作。我感觉，能参与到各个工作环节中是件非常有意思的事情。

凡是有工作经验的人，可能都听到过这样的话——"你要做好任务管理""工作中要分清先后顺序"……但无论是打工的时候还是现在，我从来都没有这样做过。在公司里，我有很多工作要处理，对于我来说，这些工作全都非常重要，并没有轻重缓急之分，因为每一项工作我都想做。所以只要有工作，我就会立刻想办法处理好。我不会把工作积攒到一起处理，而且所有工作环节我都想亲自参与其中。

可能也正因为如此，我对各个环节的思考都不够深入。我虽然可以把握整体的情况，但是具体的工作还是要交给其他人处理。这就跟我在 PRONTO 做教导员时总是把在厨房做菜的工作和调酒的工作交给最擅长的人是一个道理。

在 IT 市场营销公司学习信息发布

在读大学期间，我的心中就已经有了明确的方向，我要通过建设能让在城市中生活的人们享受到农业带来的乐趣的农园的方式来让废弃耕地重焕生机。这也是我创业的初衷。为此，正如前文介绍的那样，从大四起我就开始研究《农地法》。

但我觉得我的准备工作还不够充分。即使我义无反顾地投身农业世界，要想改变日本社会的农业机制也需要花费相当漫长的时间。那么，怎样才能缩短时间呢？在我看来，答案就是"由我来弥补日本农业的不足之处"。

我认为，日本农业的不足之处在于"信息发布能力"。虽然关注粮食和农业的人越来越多，但日本的农民却没有能力将农业的魅力展现给这些人。也就是说，农民没办法把这些信息传达出去，自然也就难以吸引更多的人来支持国产农产品，或是从事农业生产。我能不能背负起这一重担呢？说到向大众宣传，首先想到的就是广告。另外，未来能让它事半功倍的工具应该就是 IT。如果能掌握这两种工具，简直是如虎添翼。于是，我决定学习广告和 IT 技术！

下定决心之后，我开启了我的求职之旅，而目标就是这两个行业。

我并不打算对用人单位撒谎，在求职面试时，我坦诚地告诉面试官"我计划 3 年以后辞职创业"。当然，愿意录用我的公司也屈指可数。

其中，最先向我抛出橄榄枝的是大阪一家利用 IT 技术在越南从事农业经营的公司。虽然那家公司现在已经破产了，但当时在日本和越南都设有办事处，他们利用 IT 技术在日本远程操作越南的农地种植蔬菜。我对这家公司独特的经营方式非常感兴趣，正当我决定去这家公司工作时，社长这样对我说：

"听说你将来想在农业领域创业，所以才想学习广告和 IT 方面的知识。如果真的是这样，虽然我们公司准备录用你，但我也知道一个很适合你的地方。我以前上班的那家公司正好在做一个很有意思的项目。"

社长给我介绍的公司名叫"Nexway"，是 Recruit 公司刚刚成立的 FNX 项目部独立后成立的公司。主要的业务内容是运用网络和传真技术，利用公司独立的系统发布研讨会介绍和促销通知等，并以这种方式进行广告宣传。简单来说，他们所做的工作就是搭建一个传播信息的平台，并为客户提供高效的使用方法。Nexway 非常支持员工创业，在我刚进公司的时候，公司制度明确规定，工作满 3 年的员工若有创业的意愿，公司将全力提供资金支持。

机缘巧合，我最终选择了 Nexway 公司。我带着点心礼盒去拜访了为我介绍 Nexway 公司的那位社长，并婉拒了这家公司的录用。我上门的时候，他和员工们一起用热烈的掌声迎接了我。明明对公司来说没有任何好处，他还是热心地为我介绍了其他公司，这让我感受到社会是一个充满温暖的地方，有很多有趣的人，我也因此大受鼓舞。

当年农学部的同学大都进了研究生院，也有人选择参加公务员考试进入仕途，此外，在日本农业协同组合（JA）或者金融机构就职的也大有人在。本科毕业后选择 IT 市场营销行业的我可以算是异类了。

有人说我"走偏了"。甚至就连现在都还能听到这种声音（笑）。但是，无论当时还是现在，我都坚信自己正在朝着自己应该选择的道路前进，而且这种想法从未改变过。

农业在呼唤我！

早在进公司之前，我就决定"将来会辞职去从事农业经营"。所以在 Nexway 工作的那段时间里，当同时进公司的伙伴都在忙着维护现有客户时，我的工作重心已经放在努力开发新客户上了，当然目标也都是一些农业领域的公司。其间，我遇到了一个难题：我很难通过大企业的总机联系到对应的负责人，碰壁无数。现在我可以跟大家坦白，因为大部分人都不愿意为我转接电话，所以我可以说是"无所不用其极"。有时候我会胡乱编造一个大众的姓氏，比如我会问总机，"总务部的田中在吗？"运气好的时候真的能够联系到"田中"。现在想来确实有些荒唐可笑，但当时的我也着实被逼无奈。

这一时期结识的客户大都对我十分关照，有些在我创建 MYFARM 之后，也仍然愿意继续传授我创业方面的知识和经验，甚至还成为我在农业方面的领路人。而我在 Nexway 的最大收获，就是学会了信息发布也要讲究"对症下药"这一点。

例如，如果某个客户想向顾客宣传自己公司的服务、活动、商品，Nexway 就会基于软件和硬件两个方面，提出能够将信息传达给目标消费群体的最有效方法。如果宣传的是比较新颖的内容，就会通过传真把新闻稿发送给企业，有时传真内容中还包括网页链接，网页上也会同步准备向访客推送视频。或者还可能会在目标消费群体居住的区域内投放带有样品的广告，以此来扩大影响力……可见，Nexway 会根据不同的客户策划不同的方法，以达到最佳效果。

特别是网页。通过分析访问数据，可以很轻松地进行效果评估，这不仅有助于优化信息发布，在网店进行商品销售的过程中也能发挥作用，所以我切实感受到，网页对于商业经营来说是一种必不可少的工具。于是，在职期间我又去专门的网络学校学习，掌握了一套关于制作和运用网页的知识。这些在公司内外学到的东西后来都对我创建 MYFARM 起到了十分重要的作用。

我最初的计划是在这家让我受益颇多的公司干满 3 年，但就在我入职后的一年内，也就是 2006 年到 2007 年的这段时间里，日本频频爆出食品安全问题。例如"疯牛病"引发的牛肉产地造假事件、禽流感等各种各样的问题。

"不能再这样下去了。"

经过一番思想斗争之后，我向上司表明了辞职的想法。社长马上把我叫到办公室臭骂了一顿。

"你这个傻瓜！"

"但我就是想搞农业！"

我非常认真和笃定。大家似乎也都感受到了我的决心，最后都勉励着我为我欢送，"一定要加油"！

顺便说一下，Nexway 会把离职者称为"毕业生"，但是刚入职一年就辞职的我，则被上司冠上了"肄业生"的称号。

直到现在我仍经常和当时的上司、同事聚会。其实这家公司有一套请"毕业生"介绍客户的系统，而我出于报恩的心理，也给他们介绍了 MYFARM 的客户。尽管我在这家公司工作的时间只有短短一年，但还是获得了很多学习的机会。我这个"肄业生"应该能勉强算是个"毕业生"吧？

第 2 章

开　垦

——在株式会社解决社会课题

与创业搭档岩崎的相遇

决定创业后,我于 2007 年 3 月提出了辞职。当时我和 Nexway 的上司以及同事们说的是"我打算去大学做研究时曾待过一段时间的冲绳的一家农业公司进修"。之所以没说实话,是担心如果告诉他们我要创业,一定会遭到激烈的反对。而我如果说自己去的是冲绳那个偏远的地方,那他们大概也就没什么好说的了……其实我一直都在京都。很抱歉对当时的上司和同事撒了谎。

那么,我要在京都做点什么呢?这一点早在辞职前我就已经想好了。我想学着自己经营 IT 相关的业务,于是先去了京都一家名为"职人.com"的 IT 公司实习了一个月。

这是一家电子商务公司,主要是在互联网上销售日本各地工匠制作的产品,例如蓝染 T 恤、漆器、锡杯、帆布袋、化妆刷等,产品种类十分丰富。实习的那段时间,我大致了解了商品的进货、定价及发货等电子商务的相关知识。接下来就是自己动手,创办一家属于自己的公司了。

我创办的第一家公司叫作"兴"。之所以叫这个名字,是因为我心中一直有一个想法,想振兴那些沉睡中的城镇或村庄。而直到现在,我也不曾改变过这种想法。"兴"最初是一家销售京都传统商品的电子商务公司,客户以家庭主妇为主,后来逐步将业务范围扩大到了原版绘本的创作。从注册公司、制作网站、吸引客户、扩充产品到制作财务报表等,凡是与公司经营有关的工作,基本上都是由我一手操办的,也算是一个自我成长的过程吧。

MYFARM成立后,我又同步经营了"兴"一段时间(或者说,在MYFARM步入正轨之前,一直都是"兴"在提供资金帮助)。在MYFARM开始盈利后,我就将"兴"转让给了其他公司。

也正是在这段时间,我得到了上天的眷顾。我遇到了后来的创业合作伙伴,并在一段时间担任MYFARM董事的岩崎吉隆先生。当时我25岁,岩崎32岁。

在我实习的那段时间,"职人.com"还只是缩在京都中京区一栋孵化器办公楼(租金比较低廉,适合新创业者的办公楼)一角的一家小公司,而现在已经在京都上京区拥有了自己的事务所。孵化器办公楼的每个楼层都被分隔成了多个约7坪①大小的房间,年轻的创业者就在那里开启自己的事业。创

---

① 1坪约3.3平方米。

业者们彼此相处融洽，经常互相串门聊天。也就是在那里，我结识了同为创业者的岩崎。

岩崎创办的是一家名为"我的网球"的公司，主要的业务内容是在网络上指导客户提升网球技能，倒真是很有创意。随着事业的腾飞，他也成了互联网行业中备受关注的人。我在高中和大学时也常打网球，所以这也是我们能成为朋友的一个主要原因。

我们时常与其他几位"邻居"一起出去吃饭、喝酒，我也总会和大家聊自己"想要通过创业改变日本农业环境"的梦想，而岩崎则是我最忠实的听众。

"农业吗？听起来很有意思。我一直觉得虽然我现在的这份事业顺风顺水，但也是时候开拓一下新领域了。"

岩崎如是说。正如我前面提到的，当时的岩崎已经在 IT 界取得了一定的成就，据说无论是收入还是能够自由支配的时间都比从前有了很大的提升，还经常出国旅行，但总觉得并没有真正得到心灵上的满足。IT 行业发展得实在是太快了，只要有所动作，次日，甚至几小时后就可能看到变化。所以他总说："等待的价值被人们所忽略，这让我有些难以接受。"

正好也是在那段时间，"社会创业者"成了一个新的高频词。"社会创业者"是指不以营利为目的，旨在解决社会问题的企业。岩崎说他觉得这个领域有着很广阔的未来。

对了，平时岩崎就总把"简单和自然"挂在嘴边，无论是描述最理想的网球技术动作，还是谈个人的生活目标，总能从他嘴里听到这两个词。

正因如此，岩崎对我的想法表示了很大的兴趣："我觉得农业领域与我的理念简直就是绝配！我最近一直在思考如何能过上人类该有的生活，或者说让生活方式更贴近自然。"

突然有一天，岩崎对我说："西真（我的朋友们都喜欢这样喊我），你要是真有做农业的打算，不如来我办公室一起具体讨论看看。"

"当然可以！"

于是我们在办公室展开了一场头脑风暴。我们想利用"农业"这个概念做些什么，我们能做什么……白板上写满了我们各种各样的想法。不一会儿，我们就想出了一个非常有意思的项目。

"不如做这个吧！"

"好主意！"

事实上，当时我的公司"兴"还在运营中，岩崎的公司"我的网球"也正处于发展得如火如荼的阶段，但我们却同时

第 2 章　开垦——在株式会社解决社会课题

有了"一起往农业方面发展"的想法。说到这里，聪明的读者朋友可能已经发现了，"MYFARM"这一公司名其实也是受到了岩崎的"MyTennis"（我的网球）的启发。

公司目标及服务对象

"我想让废弃耕地恢复生机。若农民能把自己的农园让我们经营体验农园,就能突破《农地法》带来的壁垒。"正如上文所说,这个想法自大四开始就一直在我的脑中盘旋。而这一次二人间的讨论,则直接为后续"MYFARM"的成形奠定了基础,因为初为人父的岩崎提出了一个非常新颖的想法。

"我一直希望有一块可以让孩子接触土地的地方,但这样的地方太少了。市民农园的耕地资源太稀缺了,一般排不上号。要是能有一个可以让一家人周末去种种蔬菜,即便是初学者也能学习种植的地方就好了。出于对孩子健康的考虑,首先就是要保证不使用农药,我想让自己的孩子吃上健康、美味的蔬菜。"

想必这也是很多年轻父母的想法吧。身边人的声音很有说服力。从那一刻起,一直留在我心中的"我想让废弃耕地恢复生机"的框架终于被"我们将为谁提供怎样的服务"所填充,一个有血有肉的商业模式便诞生了。

"我明白了!我们可以打造一个让孩子们能够学到蔬菜知

识的农园。"

把服务对象锁定在孩子还未上小学的 30 岁左右的年轻父母身上。岩崎的这番话,让我对体验农园的商业模式有了更加具体的想法。不仅如此,我还在后续的市场调研中发现了一些其他的东西。

某项统计数据显示,日本租赁农园的市场规模在 30 亿日元左右。但如果算上阳台菜园等身边的农园,那么这一市场规模就会上升至 400 亿日元左右。"这么说来,我们以这些人为目标客群开展业务应该能行。潜在市场还是很大的。"这让我想到,若我能走在市场的前端,创造出一个全新的市场,或许就有机会成为这个市场的领军人物,并从现有的竞争中脱颖而出。自此,我们的事业规划有了雏形。

那段时间,岩崎和我每天都在努力地筹备新公司。

岩崎觉得:"我们应该从一开始就确定 MYFARM 的事业目标。"

事业目标,换言之就是我们希望通过经营这家公司,创造出一个怎样的社会。其实关于这个问题,我的心中早已有清晰的答案——

"如今日本的废弃耕地越来越多,我想让它们重新变成蔬菜和水稻的海洋。"

"在那里，人们可以品尝到亲手种植的蔬菜的美味，自己种植自己的食用蔬菜的人越来越多，日本的粮食自给率也能有所提高。"

"在种菜的过程中，人们可以体验到思考与努力的乐趣，或许还能感悟到'耐心等待'之于人生的特殊含义。"

大致如此。

但要说到确认公司目标，我认为更应该确认岩崎的想法。因为我们的短暂会谈，他突然就深深地陷入农业这个于他而言全新的世界里。而且与从零开始的我不同的是，岩崎的事业一直以来都是顺风顺水的，可如今，他缩小"我的网球"的业务规模，将自己的重心转移到这家新公司。不仅如此，他还表示愿意用"我的网球"的大部分收入来支持 MYFARM 的创立。

"如果我要的是金钱或自由时间，那我完全可以继续经营'我的网球'。但我想做一次舍弃，让自己做一些对社会有用的事情。我相信 MYFARM 一定能满足我的心愿，正因如此，我必须先确认我们做这个项目的意义。"

这是岩崎的想法。可见无论是对我还是对他而言，确定公司的经营方向都是当务之急。

和岩崎谈完我的梦想，我有了新的感悟。因为此时，我认真地思考了应如何将我们的目标传达给整个社会。如果连站在自己面前的人都无法打动，又如何能让其他人接受呢？

即便如今，我在做经营决策时仍旧会采取这种方法。每每出现新想法，我都会征求社内其他董事的意见。他们总会问我："为什么你想这么做？"这时我就会拼命寻找说服大家的理由。我若回答不上来，就证明我该谨慎行事了。

回到方才的话题。那段时间，我与岩崎就公司的经营方式进行了深入的讨论。从公司成立到第一家农园开业之间的6个月里，我们总是一有时间就聚在一起讨论，终于制订出了一个能让上述理想变成现实的计划。

设定两年期目标：
先让体验农园事业获得成功

我们首先需要确定 MYFARM 的使命，也就是岩崎常说的"为何而做"。

简单来说，我们的事业的两大核心支柱是"让更多人可以自己种植自己食用的农作物""让废弃耕地重焕生机"。"自己种植自己食用的农作物"为什么很重要？因为亲自在田间劳作，不仅能学到我们赖以生存的蔬菜的知识，还能深切地体会到自然的严酷、农民的辛劳、新鲜蔬菜的美味，以及为了有所收获付出努力、智慧和耐心的重要性。那么，"让废弃耕地重焕生机"的重要性又在哪里呢？因为若能建立起一个可让废弃耕地重新焕发生机的机制，就能大力振兴日本的农业。二者同步发展，定能大力提升日本的粮食自给率。

为了实现这两点，我们制订了一个"三步走"事业规划，具体如下：

第一阶段（2008—）：MYFARM 体验农园项目

第二阶段（2010—）：MYFARM 学院项目

第三阶段（2012—）：农师打造项目

第一阶段，也就是我曾与岩崎讨论过的，面向 30 岁左右的年轻父母开设的体验农园。在这里，即便是农耕初学者也能充分体验到亲自耕作的乐趣。在开拓体验农园的同时，我们还能同步收集废弃耕地的信息。

不过开设体验农园并非我们的终极目标。若我们能通过体验农园项目招揽更多的使用者，也许就初步实现了"让更多人可以自己种植自己食用的农作物"的目标，那么接下来的难点就在于"让废弃耕地重焕生机"了。因为并非全日本的废弃耕地都适合被改造成体验农园，例如山区或农村的废弃耕地即便被改造成体验农园，想必也没有太多人愿意光顾。能被转化为体验农园的，大概也只有城市周边的废弃耕地了。为了实现"让废弃耕地重焕生机"，我们制订了第二和第三阶段的计划。

在第二阶段的"MYFARM 学院"项目中，我们计划打造一所农业学校，让喜爱亲手种植的人，或是有志从事农业生产的人，在学校里学到更多关于有机种植的知识。愿意来到这里学习的，一定都是热衷于农耕的人，所以学校无须建在城市周边地区。或许我们可以借此机会，让稍微远离市区的废弃耕地重焕生机。同时，借这个项目，我们也能了解更多有志从事农

MYFARM的理想事业形态

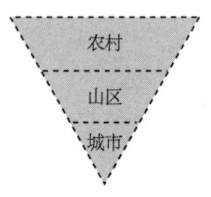

```
      ▲
    务农
    周末
    兴趣
 日本的农业人口
```

```
   ▽
  农村
  山区
  城市
 废弃耕地的数量
```

如▽所示，日本废弃耕地数量为农村最多，其次是山区、城市。而农业人口则如△所示，城市中的农业爱好者数量为最多，其次是想要深入学习种植技术（或是将来想从事农业）的人，而农民数量则为最低。废弃耕地的分布是无法人为改变的，所以"MYFARM"能做的，就是将△改为▽。

第三阶段 2012—
农师打造项目
（农村×农业）
打造全新务农方式 综合解决废弃耕地问题

第二阶段 2010—
MYFARM学院项目
（山区×学校）
培养未来农民的窗口
创造适用于大面积生产的成功模式

第一阶段 2008—
MYFARM体验农园项目
（市区农地×消费者）
收集废弃耕地信息 为未来的销售积累消费者

业生产的人的真正需求。

接着再说第三阶段,也就是"农师打造项目"。"农师"是我自创的词,我想用"农师"来称呼那些在农村从事农业活动的人。除了在农地中种植农作物,"农师"还可以运营体验农园或成为 MYFARM 学院里的讲师等。只要是通过"农业"活动来恢复废弃耕地生机的人,我认为都可以被称作"农师"。我还希望建立一个机制,让那些在 MYFARM 学院中习得农业知识和技能的人能够获得一份工作。所以,我们还将积极协调农村的废弃耕地,让毕业于 MYFARM 学院且有志从事农业的人可以有一片开启自己农耕生涯的天地。

通过分阶段设定目标,增加了我们的事业内容。在体验农园中爱上耕作的人们,也因此得到了进一步学习专业知识的机会。如此一来,我们就能让更多的废弃耕地得以再利用了吧。

自 MYFARM 筹建以来,关于这三个阶段的想法就从未发生过变化。只不过地震发生后,MYFARM 的业务范围比我们原先设想的有所扩大,但基础框架还是依旧如初。

没有农户愿意配合

明确了企业愿景后,我们就开始朝着第一阶段迈进了。首先要做的就是"四处打听农民的想法"。虽然我也时常下田劳作,但毕竟不是专业的农民,对于农业世界而言,一直以来我只是个"消费者"的角色。

"四处打听农民的想法"的方法其实非常简单。我就在京都市内随意游荡,一看到农地就上前与地里的农民打招呼。为了打探到他们内心的想法,我时而穿上西装,时而又假装自己还是个学生,聊天的方式也经常根据具体的对象而改变,可算是使出了浑身解数。

"今天天气可真不错呢,最近地里蔬菜的长势如何呀?"

"暂时还不错。白萝卜长得也还行,就是不知道夏天后会怎么样。对了,你是来干什么的?"

"我在大学里研究农业,所以想多了解农民的情况。请问您现在最大的担忧是什么呢?"

接着,我就会得到各种各样的答案。

"我跟这农地打了一辈子交道了,现在老了、干不动了,我想是该休息了。"

"我想把这块农地传给孩子,但又不确定要让他们做些什么。孩子们从来就没干过农活,要是就这样给他们,他们也不知道该怎么用啊。要是改造成停车场或者住宅,又会被征收继承税……"

听完他们的烦恼后,我会趁机介绍 MYFARM 的服务内容。比如"有一种服务可以解决您的问题,而且还能让农地保持原样""我们正计划开展一个项目,将废弃耕地利用起来,提升粮食的自给率"。换言之,就是在"打听"后进行"精准营销"。为此,我走访了京都、大阪、兵库等近畿地区的数百名农户。现在回想起来,那半年内我走过的农园大约有 300 个吧。

但真正的困难还在后面。因为几乎没有农民愿意接受我的建议。当时,我一看到长满杂草的田地,就会马上四下寻找附近的农民并与他们攀谈。

"不好意思,我正在这附近寻找闲置的农地。我看隔壁的那块田里什么也没种。如果您认识这块地的主人,可以告诉我联系方式吗?我想和他谈谈。"

话音刚落,对方的脸上就布满了疑惑。

"那个……你不觉得对陌生人提这种要求有点不太合适

吗……"

既有这种类型的委婉拒绝，也有诸如"我都不知道你是打哪儿冒出来的，凭什么跟你说这些"这种丝毫不留情面的呵斥。当然也有人好心地给了我联系方式，可即便我找到了农地的主人，得到的依旧是无情的拒绝。几乎所有人都用冷冰冰的语气告诉我："祖宗留下来的宝贵土地，我是不会让一个不明来历的人染指的。"难道真就没有办法解决了吗？

为此，我也曾流下沮丧的泪水。就在我展开"精准营销"之时，MYFARM 的网站也在同步制作中，我们在网站上对服务内容进行了详细介绍。某天，一位来自埼玉县春日部市的农民看到我们的网站后，表示想和我们聊聊。

埼玉？很远吧？这得花多少交通费啊？不过，这是一个很好的机会，一定不能放过它！

挤出交通费，我坐上了新干线。顺着对方提供的信息一路寻去，果然看到了一片农地。在那儿等我的人，似乎就是那位联系我的女士。

"您好！"

短暂的寒暄过后，她与我沟通了一会儿后说道：

"你太年轻了，看起来不太靠谱。"

说完扭头就走。我拼命挽留，祈求她至少听我说完再决定

第 2 章　开垦——在株式会社解决社会课题

要不要接受我的建议。可任我磨破了嘴皮也是徒劳，她还是走了，留下我一个人呆呆地站在原地。

"可恶！这究竟是为什么？"

一个人站在这片远离京都、人生地不熟的土地上，所有的伤口都只能独自舔舐。我永远不会忘记，当时的我独自坐在车站前的长椅上，给曾经的"兴"的同事打电话，一边哭一边不断重复"受不了了，我真的快受不了了"的情景。

挂断电话后，我打开随身听，想听听音乐舒缓一下心情。这时，一句歌词传入我的耳中，我一下子就呆住了。

"我一直在拼命实现梦想，却从无成功，只有失败。"

这是 SEAMO 的 *Cry Baby*。为什么偏偏要在此时让我听到这首歌？

这唱的不就是我吗？好不容易才止住的眼泪再次决堤。没过多久，这种心情又被另一句歌词所扭转。

"所以要更努力，自己去耕耘，直到光芒闪耀。"

是的，拿起一把铁锹，去耕耘被一而再再而三的挫折折磨得坚固的心，让自己的这颗心，变得更加柔软、更加坚固、更加丰富。

农地一旦荒废，想要用铁锹耕耘可就不是那么简单的事情了，要让荒废的农地重新变回绿油油的菜地需要很长的时间。

现在的我不也正是如此吗？面对荒地，唯有坚定的意志和持之以恒的努力，才能让这片冰凉坚硬的土地重现生机。

电车来了，我也从长椅上缓缓站了起来。

自那天起，我丢掉隐形眼镜，开始戴起了框架眼镜，因为我想让自己看起来更成熟一点，在商务场合中，也总会穿上一身笔挺的西装。在更努力学习农业知识的同时，我还深入研究了日本的税收政策，也好好学习了说话的技巧。我暗下决心：总有一天，我会让你们刮目相看的。

第 3 章

播 种

——与同舟共济的伙伴相遇

得力伙伴现身

自埼玉事件发生后,我们就再也没有收到过线上咨询。我们的登门拜访也总是吃闭门羹,我和岩崎都不知如何是好。这段时间,我的生计全靠"兴"的营业额,还有从熟人手里接到的网页制作订单,以及在私塾做讲师、在超市打包蔬菜这些零工维持。

就这样,我们一边经营着 MYFARM 一边打零工,每天睡两三小时也是平常。多亏在大学时代参加过的网球集训,我才能撑过那些日子。我当时参加了一个名叫"京大硬庭"的社团,在社团集训期间,我们曾经整晚不睡,一直不停地练习、开会、聚餐。想想那段经历,每天睡两三小时根本就不值一提。这样的集训可能会让人觉得荒唐,被大家当作斯巴达式的集训,但对我来说却很有用。在我看来,人生没有白走的路。

日子一天天过去,突然有一天,我们迎来了转机。我在和一位姓小西的前辈聊天时,偶然听说他岳母有一块闲置的农地。

"什么？真的吗？！能不能让我们用这块农地经营农园？方便帮我们问一下您岳母的意见吗？"

"好的，我去问问。一有消息我就联系你。"

太好了！原来手里有闲置农地的人就近在眼前。我们一边在心里祈祷一边焦急地等待着消息。几天后，小西先生又联系了我。

"我跟岳母说过了。而且我有个朋友是 JA 的理事，我会请他帮忙在旁边敲边鼓。"

对于农民来说，JA 是一个举足轻重的存在。农民大都加入了 JA，依靠 JA 将自己种植的大米和蔬菜拿到市场上销售。另外，肥料、农药、种子、秧苗等生产材料和农业工具也从 JA 那里购买。JA 和农户之间有着千丝万缕的联系，需要始终保持步调一致。

"先问问我的同学吧。这家伙已经多次在 JA 担任重要职务了。我来给你介绍。"当时，小西先生为我引见的同学正是从 2010 年开始就一直担任 MYFARM 董事的谷则男先生。

我们最后定在京都四条河原町的一家居酒屋和谷先生见面。当时，谷先生 45 岁。他身着意大利西服套装，树脂镜框的眼镜也十分考究，俨然一副"潮叔"打扮。时尚的造型让他看起来更像是时装界的人物，我无论如何也没办法把他和农业联系到一起。虽说肤色偏黑，但看上去更像是打高尔夫球时晒黑的，而不像是田间劳作的结果。其实我的内心是非常忐忑的，但为了不让谷先生发现我怯懦的一面，我一直在拼命掩饰。

在和谷先生见面之前，我就听小西先生说："这家伙确实是位了不起的人物。曾经担任过 JA 的会长，统管全国的青年农业人才，和农林水产省也有很不错的关系。"所以，我从一开始就非常紧张。

谷先生对我说："先说说你的想法吧。"我把自己的 MY-FARM 计划告诉了谷先生。当时我的直觉告诉我：他一定很有智慧。在我进行一番说明之后，谷先生终于开口了。

"有老师的市民农园……确实是一个不错的想法。其实，我之前就有过类似的想法，而且也做过调查，但是因为有《农地法》的限制，所以感觉行不通。但是你连突破法律界限的方法也想好了，确实很有意思。好，我会助你一臂之力！"

看到他的笑脸，我这才松了一口气。坦白说，刚开始我还以为谷先生是一个"恐怖的人物"，但其实他是一个非常爽快又健谈的人。

"我先去问问大家的意见，然后再决定要不要跟你合作。"他说道。

那天晚上,也许是因为心里的大石头终于落地了,我喝得酩酊大醉。我甚至不记得后来是怎么回家的,留在脑海里的只有满满的充实感。

在这里,我想再跟大家详细介绍一下谷先生。他从20出头就开始和农业打交道,算起来,我初次见他时,他已经投身农业将近25年。他出身于农民家庭,是家里的次子,后来代替长子留在家乡京都府城阳市务农。

"我本来没打算接替父亲从事农业,但我父亲突然去世了。我想,反正我之前也经常帮父亲做农活,干脆就试试好了。"

谷先生说得很轻松,但我们应该不难想象,在父亲的指导下做农活和以继承人的身份撑起整个家业做农业根本不能相提并论。刚开始的时候要学的东西很多,应该尝尽了苦头。

"说起农民,就是不管做什么事情都要互相帮助。比如像水渠之类的很多设施都是多个地区共有的,所以,家家户户之间的联系非常紧密,而且人人都有自己要承担的任务,越是年轻,越有可能被委以重任。要想在一个地方立足,就必须遵守当地的规则。如果只耕种自己家的田地,能学到的东西是非常有限的,所以大家交给我的事情我都尽力去做,为的就是能多学知识。"谷先生如是说。

就这样，谷先生从一个小小的农民工会长晋升到了农协总代表这样一个掌管当地农业相关事务的要职。在他埋头于地区工作的时候，2001年他又被任命为 JA 的全国农协青年组织协议会会长，可以直接与政府以及执政党的干部对话。同年 11 月，他以农业谈判支援团成员的身份参加了在卡塔尔首都多哈举办的 WTO 部长级会议。次年就任全国农业协同工会经营管理委员。除此之外，他还致力于与消费者团体联合会等各种团体进行跨界交流。2002年，谷先生参加 IFAP（国际农业生产者联盟）大会，为成立青年委员会而奔走，之后被任命为副委员长。据说他还曾到外国的农民家里进行过研修。谷先生与日本全国的农民、JA、农林水产省的联系就是在这样的过程中慢慢建立起来的。

"我好不容易积累了知识和人脉，却很难有机会在当地利用。我虽然心里也清楚，不能再继续这样安于现状了，我们需要一种新的方法来激活当地的农业，但到底应该从哪里入手，我也在摸索过程中。"

谷先生对为什么要帮助我作出了这样的解释。他还邀请我们参加了当地农协青年部组织的高尔夫大赛庆功宴。

"我会把你们引荐给大家，到时候可以介绍一下你们的计划。"

就这样，我们获得了一个在当地年轻农业家面前介绍 MY-FARM 的机会。若能在那里得到大家的认可，就可能一改我们之前在与农户的沟通上屡次碰壁的局面。机会来了。我们怀着激动的心情等待着那一天的到来。

疏通人脉大作战

在青年部聚会当日，我在庆功宴上喝了个酣畅淋漓。更准确地说，是被灌了很多酒。因为这天参加庆功宴的有一位经营"杜氏"日本酒的人物，所以会场上摆了各种不同品牌的一升装酒瓶，对方一一给我推荐，还热情地劝我"喝喝看"。酒酣耳热之际，突然有一名成员问道："话说，你们今天来这里的目的是什么？"

"我们今天是来介绍自己的项目的。我们想用日本随处可见的废弃耕地建造体验农园，借此帮助农民提高收益，通过建立这样一种机制来改变日本的农业。"

大概说了这样一番话。现在想来，我也不确定自己当时口齿是否清楚。我在心里默念，"要坚持住！千万不能错过这次机会"，然后继续向众人介绍项目。

就这样，我一边努力让自己从意识不清的状态中清醒过来，一边拼命地解释自己的理念。但最终还是未能像往常那般条理清晰，说明中也有很多不连贯的地方。

但是，回去的时候有人走过来跟我说"你们的项目很有意思，一定要加油啊"。太好了……能从农业方面的人才口中听到这样的话，我感觉自己的努力没有白费。那天的我后来也喝醉了，我至今也想不起那天是怎样回到家中的。

后来谷先生跟我说了这样一番话："我们从事农业的这些人，只要是同行，就算大家来自五湖四海，也能很快热络起来。但是，我们对'外人'是非常警惕的。农民有自己独特的待人处世方法。但是，如果你能深入其中，时间久了就能了解这个群体待人处世的方法。在刚刚继承父亲家业的时候，我就是这么做的。所以，在我看来，最好的办法就是投身于农耕第一线，于是我才邀请你们参加了那个聚会。你们表现得不错。"

接着，他又说："一群'外人'去找农民谈事情是不会有结果的。必须有中间人，他们才会愿意和你们谈。今后让我来当这个中间人就可以了。"

后来，为了将小西先生岳母名下位于京都府久御山町的农地打造成MYFARM的一号农园，谷先生帮忙与农户进行了交涉。而且，他还说可以和我们一起去农林水产省和自治体的农政科。

"农民啊，他们和你们一样，也不想让耕地废弃。所以，如果你的体验农园能够建成并且能够顺利运营，对他们来说也不失为一桩好事。但是,'建体验农园的地方最好不是自己的田地或者自己附近的田地',这也是他们的真心话。因为一旦有大批客人到访,乱停车现象就不可避免,农业用水也会遭到污染,这会给他们带来不小的麻烦。也就是说,我们要事先做好各种准备,确保一号农园成功落地。如果一号农园运营顺利,那么再建二号、三号农园就非常容易了,项目也能不断扩大。"

因此,我们需要拜访农林水产省和自治体,获得他们的"认证"。换句话说,我们的第一步是要充分利用谷先生的人脉资源,扫清周围的障碍。

"你很擅长作说明吧。我帮你联系,然后你来介绍方案就可以了。你可以试着问问对方,'我在考虑这样一个项目,您觉得可行吗'。如果对方回答'可行',农民对我们的信任也能增加一分,后面的工作也会更加顺利。"

就这样,通过谷先生的介绍,我在各种各样的场合介绍了MYFARM的计划。其中,农林水产省的反应让我喜出望外。

"简直太棒了!原来还有这样一种方法。请一定要落实这个方案。"

如此之高的评价完全出乎我的意料,也让我信心倍增。顺便一提,在某个自治体的农政科,为了让负责人了解我们的运营系统，我可是颇费了一番工夫。这是因为过去从来没有这样的先例。但是，在了解到我们的计划不与法律相抵触之后，负责人最终也批准了我们的项目。像这样，在行政审批这一环节，我切实体会到了自己独自前往和农民出身且德高望重的谷先生帮忙引见之间的巨大差别。这位新伙伴的加入，让我们朝着 MYFARM 项目的实现迈出了一大步。

初涉开垦工作,与黏重土质的交锋

就这样,在谷先生的协助下,我们与各方进行了交涉,终于拿到了建造一号农园的通行证。接下来就要开垦了!我和岩崎来到MYFARM一号农园的建设地——位于京都府久御山町的小西先生岳母名下的田地。

等等。种田要先做什么呢?虽说我有种植农作物的经验,但我从来没开过荒。而岩崎更是第一次体验农耕。本着"人生贵在体验"的态度,我们先借来了一辆小拖拉机,载上割草用的镰刀和锄头,以及租来的手推式翻土机,出发前往农地,然而……

"哇,好大一片田!全部要靠我们两个来翻土吗?"

这片田地的面积大约有300坪(1000平方米)。现在说起来,300坪感觉不大,但是在当时看来却是一片一眼望不到边的田地。平整土地的工作全部落到了我们两人的肩膀上,这要何年何月才能完成呢?

"既来之则安之。"

我们撸起袖子下了地。第一步就是清除杂草,遇到扎根比较深的杂草，就动用锄头。这项工作根本不可能在一天之内完成。我们发动身边的朋友一起参与进来，仅除草一项工作就花了好几天时间。除草工作结束后，再用锄头和手推式翻土机来翻土。附近的农户每次路过都看到我们在田间忙碌，也兴致勃勃地关注着我们的一举一动，好奇我们接下来究竟要做些什么。其中也有人忍不住走上前来询问。

"你们在这里干什么呢？要开荒吗？要建农园？哎呀——不能这样，锄头不是这样用的。你这样用锄头，手很快就会又酸又疼，用锄头要靠腰的力量。"

像这样，还会为我们提供指导。总算把土翻完了，接下来我们就要照葫芦画瓢，给田地起垄。

"感觉歪歪扭扭的啊……"

那时候我还不知道，我们经常在广阔的田地里看到的那种笔直的地垄，在起垄时必须经过仔细测量，保证宽度和高度一致。然后，在这片土地的主人——小西先生岳母的要求下，我们在农园四周围上了栅栏。这样就得以和周围的田地区分开来，其他人也就能一眼看出这里是农园。那时，农园准备工作所需的费用全部由我们自己承担。我们在家居建材商店买来了园艺木栅栏，总共花费了 50 万日元。顺便一提，购买栅栏的费用还是我靠着网页设计的收入，东拼西凑筹措来的。

第3章 播种——与同舟共济的伙伴相遇

开垦位于京都久御山的一号农园时朋友也赶来帮忙

另外，安装栅栏的时候还发生了一段小插曲。因为那块地原本是水田，所以土质很黏，要安装栅栏谈何容易？栅栏总是会不断往地下沉。这到底如何是好？

"这样真的能耕种吗？我有点担心……"

经过反复试错，我们终于领悟到，修整土地的工作完全依靠外行根本行不通。最后，我们只能去寻求谷先生的帮助，他给我们介绍了他的朋友——山本先生。在专业工具和技术的帮助下，曾让我们感到十分棘手的起垄、土质黏等问题都迎刃而解。转眼间这片田地就变成了一片可以立刻着手耕种的土地。从那以后，山本先生一直在为 MYFARM 农园提供帮助。现在山本先生也已经成了 MYFARM 的一员，作为维护团队的一员，在全国各地奔走。就这样，MYFARM 一号农园——京都久御山农园诞生了。1 个区块 15 平方米，共 50 个区块。当时是 2008 年 4 月。

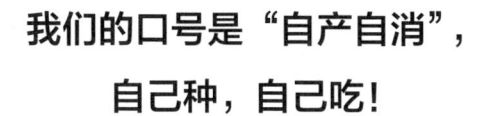

我们的口号是"自产自消"，自己种，自己吃！

与此同时，我还在着手申请参加商业竞赛。我们是一家没有任何名气的小公司，而且，我们的商品不能拿在手上向大家展示，是眼睛看不见的服务，那么究竟如何才能让世人了解我们？思来想去，最终我选择了参赛这种方式。若是能够参加商业竞赛，即使是没有业绩的公司，也能通过介绍自己的运营机制和项目背景，让其他人理解公司价值所在。如果有幸获奖，这份荣誉也能成为今后赢得信任的筹码。因此，从公司成立之初，我就一直积极参加各种各样的比赛。

后来，岩崎和我都不约而同地提出想参加一场面向 NPO 法人，比拼业务内容的社会贡献度和创意的竞赛。我们的目的是想告诉大家，虽然 MYFARM 是一家股份制公司，但从致力于解决社会问题这一点来看，与 NPO 别无二致。为了制定相应的战略，我们二人进行了讨论。

"长期以来，人们总是习惯性地认为，企业从事经营活动的目的就是追求利润。我想改变这种刻板印象。在我看来，将来会有很多企业选择以解决社会问题为目的的项目。"岩崎这样说道。接受银行融资、打广告、宁愿冒着亏本的风险也要开展自己的事业、只为实现心中的美好社会。当这种做法成为常态，我们就能更快、更彻底地改变现在的社会趋势。而且，如果由企业来做这件事，会不会产生更大的社会影响力？

然后，在填写比赛报名表的过程中，我们想到了一件事：

"能不能用一个简单的词来概括 MYFARM 的目标？"

"也就是类似口号的词语。"

"对。或者叫公司的宣传语。如果有这样一个词，应该会给人们带来更强烈的冲击。"

于是，我们再次回顾了创业之初编制的计划书。我们的目标是"恢复废弃耕地"以及"自己生产、自己消费的社会"。另外，将粮食自给率提高 1% 也是我们的目标。

"也就是说，我们的目标是自给自足？"

岩崎向我问道。但我觉得"自给自足"还是不够准确。这个词会给人一种严肃而封闭的印象。而 MYFARM 的目标不会给人以压迫感，每个人都能轻轻松松地做到。

在否定了无数种方案之后，我突然想到了一个词。

"'自产自消'怎么样？模仿'地产地消（注：是"当地生产，当地消费"的省略语，指的是本地生产的农作物和水产品由本地消费者来消费）'。"

"就它了！不错！就这么定了！"

我们公司的口号——"自产自消"就这样诞生了。

我想这个口号在无形之中推了我一把。虽然最终我们没能得奖，但是股份制公司参加 NPO 的比赛，我们应该算是首开先河。"有必要非得和 NPO 一决胜负吗？"虽然有人提出了这样的异议，但我认为，这次参赛至少让大家开始认识到，今后股份制公司也将参与到公益事业中去。

当时，"社会性商业"这一概念还不像现在这样广为人知。我个人对"社会性商业"和"社会创业者"这两个词也抱有疑问。因为在我看来，即使不刻意用这种特别的名词加以区别，这种商业模式也是非常普遍的。当然，如果有更多人因此而更加理所当然地想要兴办这样的公司，那也是我们所喜闻乐见的。

之后，我们继续向各种比赛和补助金发起挑战。2008 年 9 月，我们在京都商工会议所主办的"智慧产业创造商业计划大赛 2008"中获得优胜；2008 年 12 月，又在大阪商工会议所和大阪 NPO 中心主办的"大阪 CB·CSO 大奖赛"中赢得大奖；2009 年 12 月，在环境省主办的"生态日本杯"中一举斩获最优秀奖。2011 年，一名员工自发报名参加了农林水产省主办的"2011 年 Food Action Nippon Award"（日本食品行动奖）。在这次大赛中，我们也获得了"沟通及启蒙"组的优秀奖。

　　由此，媒体曝光率自然而然就增加了，大众对我们的关注度也有所上升，公司主页的访问量也随之提升，最终结果就是，前来咨询的用户越来越多了。这样算来，我们节省了一大笔广告宣传费用。我想，将参加比赛和媒体宣传紧密结合在一起也是我们能在短时间内成长起来的理由之一。

融资——农园用户大募集

接下来,让我们再次回到一号农园的故事。我刚才提到,随着知名度的提升,通过公司主页咨询的用户越来越多。但在创业初期,我们困难重重。

京都久御山农园开园通知和顾客的募集广告最初都是通过 MYFARM 的官网主页发布。但在刚刚开园的两个月内一直无人问津。别说用户申请,就连咨询都没有收到。果然,只靠网页来募集用户是非常困难的。

仔细想想,出现这种情况也是理所当然的。毕竟我们是一家刚刚成立的公司,在大家使用"体验农园""市民农园"这样的关键词搜索的时候,网页上也不会优先显示,所以大家很难注意到我们。若继续发展下去,别说吸引用户,连让更多的人知道 MYFARM 的存在都很困难。不行,一定要想个办法……

于是我四处奔走,只希望借助在 Nexway 时建立的人脉关系争取到一次媒体报道的机会。我曾试过用传真发新闻稿,也曾去过商工会议所独自召开记者招待会。终于,当地的报社和电视台都联系我们要来采访。

"电视台来采访的时候，如果田地里一个人都没有，看上去难免有些凄凉。我们得让它热闹起来。"

采访当天，附近的人和朋友都赶来为我们捧场，通俗一点来说，他们就是"托儿"。在他们的帮助下，我们终于迎来了第一批前来咨询的用户。而且，在5组意向用户来农园参观时，我们又请来了朋友和当地民众假装用户，在田地里做农活。现在想来，这群"假用户"中既有被太阳晒得肤色黝黑的人，又有一眼看上去就是内行的人，不管怎么看，都不像是体验农园的用户……然而，值得庆幸的是，当时来参观的5组意向用户最后都和我们签订了合同。

不错！就这样一鼓作气，为剩下的45个区块也招满用户。我深切地感受到，要达成这一目标，广告宣传是必不可少的。而且，今后我们还想增加农园的数量。若果真如此，就需要进行土地准备工作。在建设一号农园的过程中我已经了解到，最开始的捡石子和除草工作的确可以靠我们自己完成，然而起垄等分区块的工作必须依靠专业人士。

也就是说，资金是不可或缺的。就这样，为了融资，我带着5份成交合同，奔走于各大银行之间。但是，我既不懂沟通技巧，又不知道具体流程。唯一肯坐下来听我介绍的是某银行

第 3 章 播种——与同舟共济的伙伴相遇

支行的行长，他曾经看到过介绍 MYFARM 的新闻报道。

"把废弃耕地建设成农园，进行循环利用，这真是个有趣的想法。但是，以你们现在的业绩，应该没有银行愿意贷款给你们吧？"

"坦白说，的确是这样。毕竟现在只有 5 组用户签约。但是，前来咨询的 5 组意向用户最后都和我们签订了合同，也就是说，我们的签约率是 100%。换句话说，只要有用户愿意来农园看一看，听一听我们的介绍，生意就一定能够谈成。为了吸引用户，我们需要打广告。 另外，我们还想建设新农园，但是我们的资金非常短缺，所以我才来找您谈融资。"

支行行长默默地听完了我的介绍，并最终为我们提供了数百万日元的贷款。

"我个人对你们提出的商业模式也很感兴趣。我很想知道你们能做到什么程度。我会支持你们的，加油！"

在那一瞬间，我已经做好了思想准备。在 26 岁的年纪成为数百万日元的保证人，而且一旦决定就再无后悔的余地。盖章的时候，我的手都在颤抖，那一刻我永生难忘。

就这样，我们突然迎来了柳暗花明的时刻。好！马上打广告！然而，一旦失败，就没办法归还借来的钱。我们已经没有任何退路了。但我们该用什么方式来打广告呢？我一边和岩崎商量一边思考。

折页传单、当地的城市杂志、免费纸巾……我们首先列举了一些比较容易吸引普通家庭的宣传媒体。我们最开始的决定是，先借助多种方式打广告，然后再进行效果评估。而且，为了增加卖点，我们还打算在广告语中加入"一周一次也OK""附赠专业的农业指导"等语句，目的就是向大家宣传MYFARM是一家面向初学者的农园。

"还有，那些对种植蔬菜感兴趣的人，一开始肯定会把目光投向自治体等创办的市民农园。所以，要想办法让大家看到我们的农园和市民农园之间的区别。"

"那么，无非就是用'可以种植无农药的有机蔬菜''农具已备好，空手来就OK'这样的句子了。"

就这样，我们反复推敲广告语的内容，然后开始用借来的钱打广告。一旦失败，结局只有一个，那就是破产。拜托了，大家都来咨询吧！成败就在此一举了……最后，我们赢了！不到一个月的时间，我们就收到了来自日本各地的咨询和申请。而且，到2008年9月，京都久御山农园的各个区块基本上都已经有了签约用户。

"太棒了，太棒了！"

看到这个结果，京都久御山农园附近的农户都大吃一惊。

或许是因为他们开始意识到这些荒废的水田和旱田也可以带来收入。之后,在某位农民的介绍下,我们又获得了 5 块闲置地。不错,我们做的这件事似乎变得越来越有意思了。

遍地开花的农园、充满体力劳动的每一天，我们迎来了越来越多的朋友

农园数量增加到了6个，我和岩崎为其余5个农园的开园工作四处奔走。忙碌的体力劳动就这样开始了。

如上所述，农园的分区块工作交给了专业公司，但是在那之前的除草等工作都由我们自己完成。顺便一提，京都久御山农园的使用费全部都用来为其余5个农园打广告了。就是所谓的"拆东墙补西墙"。

我们乘坐拖拉机前往农园，把要用的土放进田地里，然后再用锄头整理平整。除此之外，我们还要从家居建材商店购买农具并分发至各农园，放置在负责分区块工作的专业公司设计的管理小屋中。这些工作在5座农园中同时展开，而这5座农园分散在城阳、上贺茂、宇治等地，从京都出发，去任意一座农园都需要花费约1小时的时间。我们那段时间一直辗转在5座农园之间，浇水、除草，每天都筋疲力尽。

另外，负责向农园用户传授有机蔬菜栽培知识的管理人是我们聘请来的相关专业的朋友或熟人，而且他们只有周末才有

第 3 章 播种——与同舟共济的伙伴相遇

时间来农园。其实，我们确实有意聘请他们为 MYFARM 的职员（或者合同工），以此来培育人才，但当时我们还没有足够的经济实力。

在寻找能够提供有机栽培专业知识指导的人才时，我们遇到了前面也曾介绍过的西村和雄老师。西村老师从 20 世纪 70 年代初就开始从事有机农业研究，还曾在自己居住的京都府南丹市胡麻实践过有机栽培技术，可以说是一位资深专家。自 2007 年辞去京都大学教授的职务以来，西村老师就开始在自家田地里举办农业私塾。他曾发表过众多有机种植法方面的著作，也拥有很多慕名而来的粉丝。听说西村老师的事迹之后，我去拜访了他的农业私塾。

我记得那是 2009 年的春天。那天正赶上农业私塾举行例行活动——野菜天妇罗派对，我们也有幸品尝到了酥脆美味的天妇罗。西村老师似乎从哪里听说过 MYFARM，对我们的介绍非常感兴趣。据说是因为我们的想法和老师以前的一些想法非常相近。

"大概是几年前吧。搬到胡麻之后，我好不容易才和附近的农户熟络起来。后来我曾经试着问过他们，'既然有这么多闲置地，我想介绍一些居住在城市里，但热心于农业的人过来，你们愿意让他们使用吗？'结果他们回答说，'我们不会把土地借给不认识的人'。虽然当时我也反驳，'城市里的人会把房子、土地借给不认识的人，用这种方式来维持生计'，但是我也知道从农民手里获得土地使用权的难度是非常大的。你们竟然能做到，太了不起了。如果有什么我能帮得上忙的地方，我愿意效劳。"

于是，我们马上向西村老师说明了我们的请求。听到我们是想请他在农园里教授有机种植知识，他二话不说，欣然同意。

"在日本，有机种植法的普及更像是一场社会运动。在专攻理科技术领域的我看来，现在的问题在于核心技术还没有推广开来。虽然我自己也开了农业私塾，但我还是想开拓更多的领域。在农园教那些对蔬菜种植感兴趣的人，是我求之不得的事情。"

之后，西村老师也亲自来到 MYFARM 的农园，一边察看田地和蔬菜的情况，一边指导我们培育方法。当时我们对农园管理人的农业技术指导尚不充分，老师也主动承担了指导这些人的工作。岩崎将西村老师提供指导的场景拍摄成视频，虽然是收费内容，但是农园的用户可以在公司主页上观看。这样一来，即使不能在管理人提供指导的日子里赶来农园，也能自学种菜技术。

第 3 章　播种——与同舟共济的伙伴相遇

西村老师最初负责的只是 MYFARM 体验农园的指导工作，自 2010 年 MYFARM 学院成立以后，他又一力承担起学院的农业指导任务，为了让学生在 2 年之内成长为一名合格的农业生产者，可谓煞费苦心。我们又多了一位可靠的伙伴。在我和岩崎前进的过程中总是有新伙伴不断加入进来。

岩崎曾说过："我们从事的事业固然辛苦，但是有很多人关心我们，支持我们。在 MYFARM 的成长过程中，有越来越多的人聚集到这里，这可能就是农业蕴含的可能性吧。"

是的，自从开始从事这项事业，我们遇到了各种各样的人。而且，我也感受到了在很多地方都有我们的伙伴。恐怕个中缘由之一就是，无论是农民、国家、自治体，还是像我们这样的企业、个人，大家都抱有共同的危机感，都感觉"必须为日本的农业做些什么"。另外，谷先生曾对我说过这样的话："你是一个像磁铁一样的人，你周围聚集了很多能人。"

我自己也觉得，尤其是在建立 MYFARM 之后，我的人生就越来越接近冒险漫画，或者我以前曾沉迷的角色扮演游戏——《勇者斗恶龙》。在这个游戏中，一位勇者踏上了一场没有终点的旅行。途中，他不断组建队伍，跨越了重重困难。"这种时候，如果有这样的人在身边就好了"，每到危急关头，都有强大的伙伴现身，成为他旅途中的朋友。我有幸也遇到了很多这样的人。

但我知道，旅行才刚刚开始。我们必须朝着更远的地方不断前进。

第 4 章

发　芽

——拓展农力，促进地区发展

农园建设的高峰期

2008 年 4 月,我们的一号农园——京都久御山农园正式开始对外营业。此后,MYFARM 体验农园进入了事业拓展的高峰期。我们在 2008 年内建立了三处农园,2009 年建立了包括东海、关东地区在内的共计 16 处农园(截至 2021 年 12 月,日本国内的 MYFARM 农园已经达到了 110 处)。其中也有部分是由闲置土地改造而成的体验农园,这些举措也大大促进了地区的振兴。

2009 年 3 月,住在西宫市鹫林寺町的一位姓高田的农民联系了我们。一直到 2000 年左右,那一带都是著名的菠菜产地,所有人都热衷菠菜的种植事业。但随着老龄化的急剧发展,到 2006 年左右,休耕土地的面积开始不断增加。

高田先生告诉我:"我看了贵司的网站,所以想来问问具体的情况。我正考虑把自己的农地改造成体验农园。"几天后,我就到了实地。

高田先生的农园风景十分优美,毗邻著名的徒步风景区甲山。在阪急夙川站与甲阳园站下车后,都可乘坐巴士前往。据说还有一块可用于建设会员停车场的空地。农地的面积约为2000平方米，对MYFARM来说可真是再适合不过了。从土壤检测的结果来看，土质也基本满足我们的需求。从收到高田的消息到农园正式开园，我们只用了短短一个月的时间。

每每收到农民关于"想把我的土地改造成体验农园"的消息，我都会先去实地看看交通的便利性和土地面积能否满足我们设定的标准。检查项目是我们的企业机密，不过我们会逐年提升其精准性，结果显示，MYFARM的选址标准与其他行业的营销地点选址标准有着高度的相似性。

如果土壤符合标准，那么下一步就是测试土壤是否适合进行无农药的有机种植（这项测试在2009年左右是委托立命馆大学进行的，如今已经改由专业的研究机构负责）。在测试土壤的过程中，MYFARM的工作人员会顺便清理地里的芒草和其他杂草。1人操作的情况下，单清理灌木丛和割草就需要花费4~5小时。

土壤测试的结果通常会在一周内取得。若土壤中含有丰富的微生物，且没有出现污染问题，就可以作为农园使用。若一切顺利，商讨日起算的两周后就能顺利开放营业了。因为需要与附近的邻居共用灌溉水路，我们也会拜访附近的农户。若附近没有停车位，MYFARM的工作人员就会去附近的超市或杂货店里，询问可否借用他们的停车位。

若土壤测试结果显示暂时不满足标准，我们会建议他们在土壤中加入 MYFARM 的改良剂以改善土壤，使其更利于有机种植。不过，这些土地之所以会被弃耕，往往正是因为它们原本就不占据天时地利的优势。或是土质、排水较差，或是多为背阴处，或是闲置太久导致杂草丛生，或是被倾倒了过多工业垃圾……总之，这些田地在开垦的过程中总会遇到这样或那样的问题，并不全如刀过竹解般顺利。

有时，我们会在田间搭个小屋来放置农具。至于土壤测试、农地改造以及设备安装等费用分配的问题，我们会通过与农民协商后决定。既有农民支付的情况，又有 MYFARM 全额负担的情况，需要视具体情况而定。这个时期的投入金额，会对开业后的会员年费或用户使用费产生影响。

其实，就我个人而言，我更希望农民能依靠自己的能力做好全过程经营，而无须寻求 MYFARM 的帮助。但现在大部分农民都尚未掌握体验农园的运营技术，所以我们所提供的服务会大大减轻他们的经营压力。归根结底，MYFARM 的这项服务并非必不可少。如果有一天，体验农园的运营步入正轨，能够成为一种稳定的农业经营形式，那么我们的体验农园服务或许就会被社会所淘汰，但我们对此不仅毫不担心，反而乐见其成。

　　正是基于这一理念，我们建立了西宫农园。高田先生和我一起制作了两万张传单，并分头在附近张贴。优越的自然环境、位于高档住宅区附近的先天优势，让西宫农园很快就吸引到了大量的潜在客户。与此同时，高田先生也一直在向附近几位正考虑放弃耕种的农民宣传我们的农园。看到西宫农园的繁忙景象后，其中三位农民表达了"我也想来帮忙"的意愿，这让我们深感荣幸。

　　后来，一件意想不到的事情发生了。这一地区的许多农民在看到我们的农园后，纷纷开始模仿开设了自己的农园。不久后，MYFARM西宫农园与周围的近10个农园，就组成了一个占地面积达4公顷的农园风景区，大概是近畿地区最大规模的体验农园了。

第4章 发芽——拓展农力，促进地区发展

体验农园数量的增加，大大激发了地区活力

"真让人头疼啊……这附近一下冒出这么多竞争对手，你们公司的业务也会受到影响吧？该想想办法了啊。"

大约也就是在这个时候，上门拜访的金融机构和咨询公司开始逐渐增多，但有些人看到我后就开门见山道："我只看MYFARM的经营报表。"事实上，我更愿意看到农园的增加。虽说竞争对手也的确有所增加，但废弃土地的数量却在下降啊！这不也是一件很令人开心的事嘛！

然而，其中一些"竞争农园"过分注重营销，甚至直接到MYFARM来问我们的客户是否愿意转到他们的农园，因为"我们那边更便宜"。我虽气愤不已，但也并未多加阻拦，他们想做便做去吧。

尽管偶尔会出现一些诸如此类的插曲，但总体而言，自这片体验农园集合地建成后，当地发生了很大的改变。首先是道路。连接县道与农园的原本只是一条羊肠小道，可一到周末，农地就会迎来将近300个家庭，车流量之大也就不难想象了。鉴于这一情况，当地自治体在不久后就作出了拓宽道路的决

定。帮我们联系当地政府的是高田先生。或许早在农园建成之前,高田就已经预料到了这一情况,并事先向当地政府做了说明。鉴于农园对当地发展的推动作用,当地政府自然也是乐意提供支持的。

道路拓宽后,周末就会出现一个有趣的场景:看到巨大的客流量后,当地居民纷纷开始行动,先是可丽饼摊位和种子商店,不久后甚至冒出了一个小型集市,当地农民会将自家田间的蔬菜运到集市中销售。逐渐地,这些商店也成了吸引人们前来观光的景致,为当地的发展注入了极大的活力。在高田先生的不断宣传下,许多农园附近的幼儿园和小学也纷纷开始将农园作为课外活动的基地。虽然将农园从私人使用转变为"食品教育"基地的做法并非 MYFARM 特有的做法,但利用建立农园来带动整个地区的发展,则可以算是西宫农园的一个特征了吧。

这让我开始相信,农地一旦被弃耕,就不仅仅代表那里的田地即将荒芜,更意味着好不容易才形成的生活圈将再次消失。这让我意识到,我们的工作不仅能让农地恢复生机,或许也能拉近人与人之间的距离。在这个农园中取得的成绩,可以说远远超出了我的计划。2011 年,该地区还被评选为全国社会事业案例研究示范区。

农园顾问应站在"初学者立场"上

接下来我们再谈谈体验农园开业后的管理方式。合约规定，农园的日常运营皆由农园所有者负责，而 MYFARM 则只负责为运营方面的难点（例如田间管理、蔬菜种植指导、接洽客户等）提供帮助。MYFARM 的"农园指导员"每周都会来几次农园，所以想学习如何种植蔬菜的客户，也可以选择在那几日里来农园求教。

在第 3 章中我也曾提过，农园刚成立的那段时间，一位熟悉有机种植的朋友为我们无偿提供了一段时间的顾问服务。但随着农园数量的不断增加，对顾问数量的需求度自然也就不断上升。后来，有一些农园主提出愿意兼任顾问的工作，我们自是求之不得。

持续这么做了一段时间后，我改变了运营方针，决定让农园主与农园顾问各司其职。农园主只需站在经营者的角度与客户交谈，或对农园设施进行维护，或对农园顾问作出指示即可。至于农园顾问，我们决定聘请有待客及蔬菜种植经验的普通人。

从荒地到市民农园

担任大阪西北部农园顾问的芦田喜之先生（右）。拥有 30 多年有机种植经验的芦田先生以其敦厚的人品与亲切友好的指导风格而深受会员们的喜爱。私下里，我也常称他为"MYFARM 之镜"。

第 4 章 发芽——拓展农力，促进地区发展

促使我作出这一改变的，是发生在某个夏日的一件事。那天，一位女性客户脚踩高跟凉鞋，打着遮阳伞来到了农园。对此，我们是习以为常的，因为很多人是把在 MYFARM 农园种植蔬菜作为一种爱好或休闲活动来对待的。可是，当时担任该农园指导员的农民大哥却不这么觉得。在常年忍受着恶劣的气候和经济状况在田里劳作的他看来，脚踩凉鞋下田这种事，可能就意味着"视农耕如儿戏"或"看不起农业"。

"那就先用铁锹锄土，然后再把幼苗种进去吧。"

他开始指导这位女士耕作。接着他让女士到存放农具的小屋里拿把锄头出来。

"就连锄头和铁锹都分不清吗？耕作可不是游戏！"

他突然就对着那位女士大发雷霆，吓得我们连忙赶来劝解。

许多农民对自己赖以生存的土地都有着执着的热爱。他人视蔬菜种植为休闲或爱好的行为可能会让他们感到愤怒，面对初学者的时候，他们可能又会恨不得一股脑儿地将自己的毕生经验塞进对方的脑子里。在经营农园的过程中，我深切地体会到了这个问题。

将农业作为生计手段和将种植视为兴趣爱好，二者之间是有天壤之别的。虽然我也知道很难让那些专业农民立刻改变思

想，不过，还是希望能让农民早点意识到"指导初学者种植蔬菜"也是很重要的。

MYFARM 的用户基本都是初学者。许多会员都觉得，带孩子来农园就像带孩子逛公园一样。而我们一直觉得，只要他们愿意接触农耕就足够了，所以一般不会干涉他们的具体做法。我们衷心希望能有更多的人愿意走进农园，感受土壤的魅力，学会如何辨别和食用蔬菜，进而带动"自产自消"，同时这也是我们事业中非常重要的一个环节。所以，我打算聘用能站在初学者的立场上进行指导，同时自己也是从初学者慢慢成长为蔬菜种植专家的"MYFARM 农园指导员"。

MYFARM 属于服务行业

我认为，包括 MYFARM 农园指导员在内的 MYFARM 全体工作人员，其实都在从事服务工作。我们的工作并非"农耕"，而是以"农耕"为媒介来提供服务。所以，除了 MYFARM 指导员外，我们所有工作人员都需要持续学习新知识。

我们非常重视对沟通技巧的掌握。例如，在教小孩子如何采摘蔬菜时，我们一定要弯下腰，与他们进行眼神交流；遇到来田里耕作的会员时，绝对不能因为专心工作而背对着他们，等等。一般来说，我们会倾向于雇用那些在待客细节方面做得很好的人，当然，我们也会为那些没有这类经验的员工提供指导，例如应该如何对待顾客，如何使他们感觉更舒适等。这些都是我大学时代在 PRONTO 里兼职时学到的技能。得益于这些方面的努力，到了次年续约的时候，70%左右的会员都选择了继续接受我们的服务。或许当年在咖啡店里一边打扫一边观察顾客的努力，终于在此时发挥了重要的作用。

MYFARM 农园指导员这项工作通常只需每周工作两到三

天，所以很多人表示愿意将其作为一份兼职。家庭主妇、设计师、演员……各行各业的人都选择利用自己的空闲时间参与其中，年龄和性别也各异。但我要求每位指导员都必须拥有至少一年的蔬菜种植经验，能在家中使用互联网，能使用 Word 和 Excel 在电脑上打字。此外，我会优先录用具有待客经验的人。

指导员的工作内容主要包括为用户提供从养土到收获的全过程指导，以及使用计算机管理农园用户的信息。此外，他们每个月都需要参加一次由 MYFARM 组织的学习或会议，MYFARM 的 GA（技术顾问）和 SA（服务顾问）会在那里互相交流和探讨工作。

说到这里，我想顺便解释一个大家常有的误解：MYFARM 的指导员是不会替会员照看地里的蔬菜的。因为自己种的蔬菜，就应该由自己来浇水施肥。所以，即使作物成熟了，若本人不来采收，我们也是不会帮忙的。如果无人看管作物，那么等待它们的就只有枯萎了。这听起来似乎很浪费，但我们之所以这么做，正是想让所有人都能清楚地看到，蔬菜是不会骗人的，精心照料和不闻不问的结果一定是不一样的。我希望所有人都能意识到，大自然是不会等待我们的，只有精心、持续地照料它们，才会得到美味蔬菜的回馈，而我们之所以能够在商店或超市里买到蔬菜，多亏了农民长年累月的辛勤劳作。

其实在 MYFARM 成立初期，我们曾推出过一个名为"全权托管套餐"的项目，也就是 MYFARM 农园指导员会替会员照料地里的蔬菜。不过后来我们考虑到这并不符合"自产自消"的概念，便废除了。后来，听说其他农园也开始提供"全权托管套餐"服务，我觉得这也是个很好的做法。

当然，若因特殊情况无法照料，我们也可以提供灵活的应对。但是，原则上，MYFARM 农园指导员的工作内容只是为用户提供专业建议，而非帮忙耕种。

自 2010 年以来，在 NEC 和 NTT DOCOMO 的协助下，我们在所有的 MYFARM 体验农园中都安装了网络摄像头和温湿度传感器。因此，我们的用户足不出户即可随时察看农作物的生长情况等信息。我们充分利用 IT 技术，打造出能让用户充分体验田间乐趣的特色服务。

剃光头也好，下跪也罢

前文中我也提过，在西宫农园刚开业的那段时间里，附近的"竞争者"曾来我们农园里试图抢夺客户。不过从我们在久御山町设立一号农园开始，MYFARM 遭遇的麻烦可远不止于此。而且就算是现在，我们仍然处于不停解决麻烦的状态。

虽然可以笼统地称之为"麻烦"，但实际上类型多种多样。例如有人在我们的小屋上用喷漆乱涂乱画，还有人故意破坏我们的农地。即便后来安装了网络摄像头，也出现过摄像头被人为破坏的事件。除此之外，一些位于山边的农园也曾被山上下来的猴子洗劫一空，即使我们竖起了网兜，小猴子也能成功从缝隙钻入而大快朵颐。特别是若在收获前夕遭遇这些问题，我就真恨不得泪洒当场了。而且类似的问题还有很多。

虽然无奈，但我们能做的也就只有一件事，那就是"耐心修复"。面对遭遇过的所有麻烦，我们能做的也都只有坚强应对。

不过与此同时，我们当然也有其他必须改善的地方，例如与附近农家、居民以及政府间的关系。

第4章　发芽——拓展农力，促进地区发展

一次，我接到了一通来自市政府的电话。起因是我们在农园堆了一些采收后的蔬菜茎叶，打算后续作为堆肥使用。可是邻居们看到后却误会成"随地丢弃垃圾"，一纸诉状发到了市政府窗口。于是我们连忙保证今后一定会让会员妥善处理废弃物，并恳求他们允许我们继续在此经营农园。虽然这个问题很快就达成了和解，但并非每次都能如此顺利。后来我们委托农民出身的谷先生邀请附近的农民一起聊了一次。

在 MYFARM 成立后的两年左右，也就是我们的事业刚刚步入正轨，终于有能力雇用一些员工的那段时间里，还发生过一件事情。一家农园在开业前，想委托我们先做个测量，于是我们派出了一位年轻的小伙子 Y 君过去帮忙。可是那个迷糊的年轻人居然走错了地方，闯进了隔壁的另一家农园。

"喂！你擅闯我的农园做什么？"

无论他怎么道歉，对方的怒火也依旧无法消退。走投无路的 Y 君只能给我打了电话，于是我连忙赶了过去。可无论我如何解释、道歉，对方都坚持"无法原谅"。哪怕我跪下道歉，对方也丝毫不为所动。

第二天，我剃光了头发再次登门道歉。

"这是如今我能表达出的最大诚意了。事情的来龙去脉我昨天跟您解释过了，请问您可以原谅我们吗？"

说完，我再次跪倒在地。在我坚持不懈地登门致歉后，那个农民终于同意我们在附近开设体验农园。

"西辻社长，都是我连累了您。"

Y君垂头丧气地向我道歉，不过我没有责备他。

"没事的。我是社长，自然要为全公司的员工负责。道歉也该是我的责任，我就是为道歉而生的。"

此刻，我突然想起了刚入职PRONTO时经理对我说过的一句话。我一犯错，他就会对我说："你看，'我不该存在在这个世上'这句话就是该在这时候说的。"（当然是开玩笑。）没想到，当年让我倍感辛苦的那句话，竟然突然在某一天就这么被我自己脱口而出。

如今，Y君已经成长为MYFARM的中坚力量，在农园工作中起到了中流砥柱的作用。

什么是"MYFARM 人"

大约从 2009 年开始,农园进入了快速增长期,增员的需求也迫在眉睫。随着关东分公司的设立,我们不仅扩增了每周来农园兼职几天的指导员人数,还招聘了一些专职人员。发展之快,甚至让我们来不及增加雇员人数。所以,我原计划是只要有蔬菜种植经验的人,就先招募为指导员,后续再通过培训和会议来传达 MYFARM 的方针和理念。

果然,公司里的人越多,麻烦也就越多。虽然我们也做好了心理准备,但这些新加入的农园指导员中,既有无故缺席每月培训和报告会的,也有性骚扰女性会员的,导致我们不得不与他们解除雇佣关系。

除此之外,专职员工的大量增加也引发了不少问题。首先就是我们无法再像过去那样快速且详细地处理投诉了。农园数量较少的时候,我、岩崎或谷可以迅速予以处理,并及时共享问题的详细内容。

但从公司成立的第二年开始,就越来越难以做到这一点了。董事们都觉得是时候在京都总部和关东分公司分别培训一些可以接替我和岩崎进行一线管理的人了。组织要发展，就绕不开这个问题。

"但是 MYFARM 是你和岩崎君一手创立起来的，也只有你们二人和我们一起把握全局、推动公司整体发展，才是对公司最好的做法。不是吗？"

提出这一意见的是 K 君，他从公司成立初期就与我们一起奋力拼搏，如今也算得上是德高望重的老员工了。

"当然，我并非准备将一线工作与管理进行剥离。作为社长，我会随时为你们出谋划策，也可以在必要的时候立刻前往一线工作处理任何问题。但我们也必须培养出几个能在一线工作的各个方面独当一面的工作人员。"

但 K 君依旧固执己见，最终选择了离开 MYFARM。随着公司员工数量的日渐增加，不同的声音也越来越多，我们也越发头疼于沟通问题。

"或许我们应该回到原点，重新向所有人说明创业之初的想法。"

被各种问题困扰的我和岩崎做出了这个决定。就像曾经挤在一起讨论商业计划时那样，我们决定用文字的形式表达"我们对 MYFARM 员工的要求"，并向所有员工进行了说明。

我们将这些要求汇总成一本小册子，并将其命名为"MY-

FARM 定义书"。在这本小册子里，我们描述了公司愿景，以及希望公司员工为实现这一愿景做出哪些努力。关于我们对员工的期望，大致可以归纳为以下几条：

● 比一般人更热爱农业，并能以通俗易懂的方式向他人传达农业的魅力。

● 具有优异的农业技能和丰富的相关知识，能为客户的学习提供优质的指导服务。

● 尊重"收获、自然的恩赐"，并努力让客户一起体验到这一点。

● 尽可能为客户提供能与他人接触并享受其中的机会。

● 以亲密、尊重的态度与客户进行交流。

● 提供较客户期望值"领先一步"的服务，例如创造一个舒适的使用环境。

● 努力通过包括上述内容在内的工作，提升个人或组织的可信度。

● 将上述内容"不断持续"下去。

自那以后，我们在招聘员工的时候一定会同时说明上述期望内容，并努力得到员工的共鸣。世界上最负盛名的酒店之一丽思卡尔顿酒店有一套被奉为"信条"的规定，其实也可以简单称之为关于"酒店愿景"的价值观，并同时规定了酒店对员工的要求。丽思卡尔顿酒店的员工在工作时，需要将这一"信条"放在口袋中随身携带。其实，从某种程度上来说，"MY-FARM 定义书"也具有类似的作用。

我认为回到原点是一个非常正确的做法。接着，我们决定发行公司内部刊物，我、岩崎和谷会每月为此投稿一次。到了年底，我们还会给每一名员工写一封亲笔信，并尽我们所能为大家提供帮助。不过，最重要还是日常与员工的交流，我一直告诫自己，要做一个亲切友好、乐于倾听的社长。

想办法让大家都爱上务农

在 MYFARM 设立的初期,我们将体验农园的目标客户群体设定为 30 岁左右的年轻父母。之所以这么设定,是因为我们觉得这个年龄层的人更重视环境及食品安全问题,也更享受慢节奏的生活,除此之外,他们应该也更愿意将农园视为教育孩子的场所。如此一来,我们就能让更多人认识到种植蔬菜的乐趣。

但当我们真正开始经营后才发现,除了那些喜欢轻松生活以及重视食品、教育的用户外,还有一些想着"将来我也得学着自己种菜"或"这是为了让自己能够安然度过即将到来的粮食危机"的用户也成了我们的会员。除此之外,还有许多因没能抽中公营市民农园使用资格转而使用 MYFARM 体验农园的用户。据说,公营的市民农园大都已经被中老年用户占据,年轻一代是很难取得使用资格的。

尽管出于这样或那样的原因,MYFARM 体验农园的用户类型与我们原先设想的有所差异,但总体而言,自 MYFARM 设立起,我们的用户还是以 30 岁左右的人为主。不过我也意识到，与这个年龄段的用户打交道时必须注意一点，那就是他们一般都忙于工作和家庭。换言之，他们即使租了一块地，撒下了菜籽，也可能根本没有时间定时前来照料，或是没过多久就开始感到厌烦了。

于是，我们在地里安装了网络摄像头，这样用户就可以坐在家中观察地里的变化，这也是我们"维持用户热情"的一种举措。类似的方法还有很多，例如我们开设了一个会员专用网站，大家可以在那里交换意见和信息。除此之外，我们还做了一件大事，那就是直接在农地里开展活动。每年12月，我们都会举办一次"丰收节"，参加者会采下亲自种植的蔬菜，或做成可口的菜肴与大家分享，或聚在一起涮火锅、吃烧烤，以增进彼此间的交流和感情。

"丰收节"才是所有会员真正齐聚一堂的时刻。那一天，MYFARM的员工们也会参与其中，努力提升交流的气氛，大家很快就能熟络起来。人们互相分享食品和饮料，手里捧着亲自种植出来的蔬菜，兴奋地谈论着自己的经验心得。"丰收节"原本是由MYFARM组织的活动，但是一些相见恨晚的会员会主动向我们提出一些更好的建议，例如"不如在地里举办一次捣年糕大会吧"。结交朋友，也是一个让人们爱上农地的好方法。

第4章 发芽——拓展农力,促进地区发展

我也到许多农园参加过多次丰收节,每次看到孩子们津津有味地吃着地里种出的蔬菜,我的内心都会被幸福和满足感所填满。

"可能是外面的饭更香,比在家里吃得多很多。"

"自从我们开始在地里种植蔬菜后,孩子们就再也不说不喜欢吃蔬菜了,可能在陪伴蔬菜成长的过程中,对它们产生了感情吧。"

这样的声音随处都能听到。比起种植蔬菜,一些孩子似乎更喜欢在地里追逐昆虫和青蛙,也许这也可以算是休闲农业的一种形式吧。事实上,很多人都表示"与带孩子去游乐园或主题公园相比,租一个农园,和孩子一起体验农业的乐趣似乎更便宜,也更有趣"。

某些农园的主人也会参与我们的"丰收节"。2011年12月10日,我们在横滨农园(2011年3月开园)举办了一场热闹非凡的丰收节。餐桌上摆满了各种菜肴,有使用亲手种植的蔬菜煮出来的辣汤火锅、铁板三文鱼炒蔬菜,农园主铃木弘美准备的藏红花饭、咖喱鸡,自制的香草味特别浓郁的奶酪和腌菜,而且这些香草都产自铃木家的庭院,还有农园用户们带来的摆满各种菜品的多层食盒,以及装满了腌萝卜、腌白菜等腌菜的保鲜盒,自制三明治等。 现场人声鼎沸,每个人的脸上

都洋溢着笑容。

大家在热气腾腾的辣汤火锅前排成了一个长队,一边等待着盛食物,一边兴致勃勃地聊着天。

"那片地里的萝卜是您家的吗?长势很好啊。您是怎么种出来的啊?"

"哦,我今年加大了种植间距呢。"

他们似乎都在交流着种植方面的心得。

我看了看聚集在一起的人们,发现他们的年龄跨度其实是很大的。还有几对60多岁的夫妇,他们打算将耕种作为退休后的休闲娱乐活动。其中一位老人告诉我:"我们一直就想在退休后住到乡下去,不过后来选择了比较轻松的体验农园。种菜也是一种运动,但这儿又比其他运动设施更便宜,而且还不用自带设备。"另一位70多岁的女士,会在护理家人的间隙来到这里放松一会儿,她表示"到这里修整土地就是一种休息。我把家里的郁金香球茎带来种在地里,等到开花后再送给邻居"。我们的农地也是允许种花的。

那天,电视台也来采访我们的活动,某位作为"奶爸"十分有名的演员来到活动现场采访我们的用户,例如问年轻的父母是如何在这里度过亲子时光的,以及想通过种植蔬菜教会孩子什么,等等。

第4章 发芽——拓展农力，促进地区发展

2011 年 12 月 10 日，我们在横滨农园举办了"丰收节"。参加者既有带着孩童的年轻父母，也有中老年用户，大家都围在一起品尝美味的菜肴。

"种植蔬菜的有趣之处就在于,我们可以看到从播种到收获、食用的整个过程。来到地里就能看到蔬菜的形状、生长过程,以及烹饪方法,这种亲身经历是一种非常好的食物教育方式。"

"原如如此。啊,这里种的是什么菜啊?西蓝花?咦,我还不知道原来它们是长这样的!平时只会在超市里见到它们,所以完全不知道它们原本的样子呢。太有意思了。"

电视采访结束后,我们的丰收节还在继续。

"好热闹啊,真是让人看着就高兴。"农园主铃木女士脸上的笑容止不住,"这片农地还能保留它原本的样子,真好。"

铃木家世代都是农民,家族的耕种记录可以追溯到江户宽政时期。这片土地上原本种植的似乎是水稻和小米,但自从铃木女士的父亲去世后,这里就开始荒废了。作为家中的长女,铃木女士继承了这片土地,后来她在网上看到 MYFARM 的介绍后联系了我们。

"我也曾想过买一套带菜园的公寓。可是那种公寓的住户一般都是各种各的,基本不会和邻居交流。能让土地维持现状已经很让我欣慰了,想不到还能看到种满了作物的田野和人们在地里忙碌的热闹场面,还有什么能比这更令人开心呢。"

铃木女士成长于在世代务农的家庭中,她的这番话是极具说服力的。我偶尔也会从繁忙的工作中抽出时间去参加日本各地农园的丰收节，正是因为每每看到大家都在农地里享受种植乐趣的画面，我才会瞬间感到浑身充满力量。无论是会员还是农园主，遇到我或是 MYFARM 的工作人员时，都会由衷地说一句"我真是太开心了，谢谢你们"。 其实，该说"谢谢"的人是我。

作为一种企业福利方式

MYFARM 的用户并不局限于个人。许多公司也会将我们的农园视为一种员工福利设施。公司使用的情况下，我们会提供一个规模稍大一些、土地较为集中的农园，同时也会提供一系列的附加服务，例如定期举办培训或活动，提供耕作指导、设备及种苗，帮忙浇水、除草（大约每周三次），以及协助运营一个交流网站。

我们的第一位企业客户是位于京都市南区的工具制造·销售商三共精机。为我牵线搭桥的是京都商工会议所的林久美女士，她自 2009 年 5 月 MYFARM 成立起便给予我们诸多照拂，这次更是向三共精机的社长石川武先生大力举荐了 MYFARM。正好石川先生一直在寻找一处可以作为企业福利机构的农园，于是我们便为该公司量身定做了这样一处场地。

当时，石川先生刚从现任三共精机会长的岳父手中接过社长一职。三共精机一直都很重视对环境的保护，曾开展过回收废切削工具（其中包含了许多钨、钴等全球各地都很难开采到的稀有金属）等多项环保活动。

第4章 发芽——拓展农力，促进地区发展

"我们是一家工具制造公司。这些年来，我们一直在努力开发一些省电、省油以及更加环保的产品。这不仅仅是一种趋势，事实上我更希望在第一线工作的所有员工在开始工作之前，都能了解当前的社会形势，以及我们为什么需要销售这种产品。我认为，种植蔬菜、了解食品和环境方面存在的问题，可以很好地帮助大家认识到这一点。这不会立即反映在销售额中，但我认为这很重要。"

虽然这话由我来说多少有点王婆卖瓜——自卖自夸的感觉，但我真的忍不住想夸一句"真是一位有觉悟的好老板"。他不仅将农园视为一个可以提升员工凝聚力的娱乐场所，更将其作为一个用于开展内部教育的场所，在此互相分享日常的工作方式等。我很开心，因为他们已经领悟到了农业中蕴藏的伟大力量。

不仅如此，石川先生还告诉我："对我们这种工具生产商而言，提升生产效率和降低成本是企业利润的两条命脉。从某种意义上说，这两样对于公司的经验而言绝对是'百利而无一害'的。但也恰恰会因此生出一种危险，那就是我们可能会因过分追逐利益对身边的商业伙伴、领导、下属等人、物或自然环境造成损害，到了那一刻，就为时已晚了。而我们是否能及时制止这种情况的发生，那就是由个人素质和道德所决定的事

情了。员工们可以通过接触大自然来培养这种意识，我认为对员工道德和素质的培养，也是企业应尽的责任。"

工厂可以完全依靠人的力量进行控制，田地则不然，大自然的影响在这里无处不在。石川先生似乎也一直在思考这两者之间的区别。他告诉我："我觉得，从事我们这一行的人更要明白，世界上还存在很多我们未曾涉足的领域。"

三共精机已经租赁了我们位于京都府宇治市的一处占地500平方米的农园。日常的照料基本全权委托给了MYFARM的农园指导员，我们会定期向他们公司汇报蔬菜的成长状况，不过我也告诉他们，至少在采收那天要来一次农园。

到了收获的时节，他们可能会举办一场由20多名员工携带家属参加的派对，也可能只是由石川先生或某位员工抽出时间来农园，再将采摘下来的满满一车蔬菜运回公司，分发给全体员工。据说，有时还会为了品尝这些美味的蔬菜而举办一场烧烤活动。公司员工告诉我，通过MYFARM的种植活动，不仅让员工家庭间的友谊得到了提升，也让孩子们燃起了对种植蔬菜的兴趣。

"我女儿一直期待着收获的那一天。就在前一阵子，她还做了一项自由研究，名为'关于超市蔬菜与MYFARM蔬菜味道的比较'。最后她告诉我，味道真的完全不同。"石川先生还为我们带来了他女儿的研究报告。

茄子、南瓜、青椒、黄瓜……在针对各种蔬菜进行比较的报告中，她还写了这么一句："超市的南瓜比 MYFARM 的南瓜甜。"（笑）照实写就很好。能对自己种植的蔬菜感兴趣，愿意亲自品尝并主动思考，这已经让我非常开心了。而且，农园也因此变成了一个思考的场所。

此后，也陆续有其他企业提出了使用申请。其中还有来自东京的 IT 公司。当然，大家加入的理由也是形形色色："我们正在开发一款农业模拟游戏，所以想来体验一下""平时大部分时间都是面对电脑，所以我们想让员工来这里放松一下""我们希望将这里作为一个娱乐场所，这可比举办运动会有意思得多"。不过，无论出于什么原因，这些公司的员工都喜欢在休息日带着孩子来到田间地头耕作，到了收获的季节，也都无一例外地觉得新鲜采摘的蔬菜特别美味。

有些会员告诉我"下意识地松土的过程中，我的脑中涌现出了许多灵感"。其实我们也有许多从事艺术行业、设计行业等创造性工作的个人会员，或许农地里蕴藏着某些可以激发他们创造力的东西吧。这让我想起了 MYFARM 成立前，我也总喜欢在地里一边耕种，一边构思着经营计划。

3年后，我们终于得到了回报

自那以后，MYFARM 的事业版图不断扩大。从 2009 年左右开始，农民们开始通过网站主动联系我们，所以我们就不再需要挨家挨户地拜访了。2010 年，我们与零售业巨头 DCM 日本建立了合作关系，并在该公司旗下某分店的附近开设了一处农园。通过与销售园艺用品和种苗的建材家居中心合作，我们终于可以自行提供种苗、研发工具了。接着我们又开始计划设计一些不同寻常的农园。2011 年 5 月，位于大阪府门真市的购物中心"大日 Bears"屋顶的"屋顶菜园 大日 Bears"就此诞生。

为了让更多人愿意踏进农地，我们还想出了各种各样的办法。其中最受媒体关注的当属我们于 2009 年 5 月开始举办的 MYFARM 农园联谊会"农地 DE 相亲活动"。

活动中，单身男女会被分成两两一组体验农事活动，并在后续的烧烤派对中互相熟悉，寻找志趣相投者共同迈入婚姻的殿堂。我们是与一家活动公司共同策划这项活动的，MYFARM 主要负责提供场地和指导耕种。

第4章 发芽——拓展农力，促进地区发展

"屋顶菜园 大日 Bears"是 MYFARM 建设的第一个屋顶农园。建筑物的背后群山连绵，风景这边独好。

"我不喜欢在酒店举办的相亲会,但如果是在户外就另当别论了,我想尝试一次,所以就报名了。""我很喜欢农耕,面对广袤的土地,心情一下子就愉悦了。""参加其他相亲会的男士一般都会穿西装,但是在这里,我可以看到他们穿休闲装的样子。"看来大家喜欢这项活动的原因也是各不相同。申请者中尤以女性居多,我们在网上发布活动日程后,仅仅10天就达到了报名人数上限。

此外,我们也于2009年4月举办了涵盖水稻的种植、收割、脱粒和品尝的全过程在内的亲子体验活动"水稻种植体验教室",以及深入孟宗竹繁茂的京都市西京区竹林,在专业老师指导下开展竹林修整的"竹林再生项目"等农地种植的延伸活动。

创业第一年的MYFARM年销售额为160万日元(其中大部分来自岩崎和我的副业收入),但到了2009年,销售额就突破了3000万日元,2010年又上升至6000万日元,2011年则直接超过了1亿日元。到目前为止,我们的销售额都是连年翻番。

或许正因如此,这几年很多人问我"看起来你们发展很快啊"或是"你们是不是赚得很多啊"。很遗憾,并非如此。MYFARM体验农园的大部分收入都用于农园指导员的工资和

第4章 发芽——拓展农力，促进地区发展

农园主的分红了。

在制造业等行业中，购买的机器数量越多，生产出的畅销产品越多，利润自然也就越高。因为生产量的增加并不会直接导致人力需求的上升。但 MYFARM 有一个规定：工作人员的数量必须与农园数量成正比，假设一个农园指导员在正常情况下一天可以走完一个农园，那么我们即便再努力提升效率，这个数量最多也只能增加到三个。除此之外，每个农园可容纳的会员数量都是有上限的，利润自然也就不可能无限增长。

我们去申请融资时，也被问过"靠这个赚不了太多吧"。事实上，赚钱并非我们的最终目标。创造一个"自产自消"的社会才是我们最大的心愿。

说实话，曾经有段时间，我的工资还不如自己的员工高。因为算上家庭津贴①和其他各种福利后，某些员工的工资就超过了我。而我、岩崎和谷三位董事的工资是根据前一年的公司业绩发放的，所以一旦销售额下降，我们的工资会更低。不过，农民们总会热心地送蔬菜给我们，所以我们总能省下不少伙食费（笑）。说是社长，其实也不过如此罢了。于我而言，豪车、存款……都不足以让我心生艳羡。

我想要的，只是从更多人的口中听到一句"谢谢"。在地

---

① 日本社会保障制度中设有相应要求。——译者注

里开心挥洒汗水的会员们的一句"谢谢",在地里遇见的人们的一句"谢谢",农民们的一句"谢谢"……都会成为我信心和能量的源泉。我死后,会有多少人来送我呢?这才是我生活的动力。

第 5 章

收 获

——农业和人的联系越发密切

保卫食品安全的"自产自消"

在这里,我想进一步解释一下为什么 MYFARM 要以"创建'自产自消'的社会"为目标。如前文所述,我之所以从事这项事业,是出于"通过自己种植自己食用的蔬菜这种方式,让大家了解蔬菜的美味,了解蔬菜相关知识,了解农业的重要性"这一想法。此外,另一个重要原因在于社会背景。我之所以要大力推广"自产自消"模式,是因为当今世界即将遭遇严重的食品危机。

现在,世界人口的状况是,发达国家的人口减少,而发展中国家的人口增长过快。根据预测,将来,生产足够的食品来满足这些人口的需求将变得十分困难,因此食品危机引发了全球担忧。2012 年,我作为讨论组成员参加了美国的"环境运动宗师"——莱斯特·布朗先生的演讲会,布朗先生在演讲会上,提到粮食危机迟早会引发食品战争。回顾历史,这样的例子不在少数。

布朗先生是世界上最著名的环境论学者之一,虽然我曾听说过他的著作被翻译成了 40 多种语言,但我还是因为一个偶然的发现而惊讶不已。当时，我久违地读起了京都大学山田利昭老师的报告，也就是那份在大学时代带给我启发，让我想出MYFARM商业模式的报告。在那次阅读过程中我发现，其中引用了很多布朗先生的文献。也就是说，从那个时候开始，我就在不知不觉中受到了他的影响。我也深刻地认识到，MYFARM"自产自消"的理念就是我针对食品危机给出的答案。

为了在发生食品危机时保护自己的国家，世界各国都在积极研究对策。例如，很多国家开始抢购世界耕地资源，美国也一直致力于转基因技术的研究。

美国的种苗公司"孟山都"利用转基因技术培育出了一种新种子，其中的某种细胞会让其他作物在与他们公司研发的作物交叉授粉之后逐渐枯萎。其目的是通过研发这样的种子，独霸行业利润。

由于日本已经参加了TPP（环太平洋经济合作协定），今后，进口这样的转基因作物也是大势所趋。转基因产品不仅会以商品的形式出现在超市等店铺的货架上，还将被用作加工食品的原料和餐饮产业的食材。现代社会，面对层出不穷的食品安全问题，我们必须未雨绸缪。

也就是说，比起MYFARM成立之初，现在更有必要让更

第 5 章　收获——农业和人的联系越发密切

多的人了解什么是美味的蔬菜，什么是安全的蔬菜。若非如此，价格高低可能就成了消费者选择蔬菜或其他农作物时唯一的判断标准。我认为，让大家自己种植蔬菜，以及让普通人恢复从事农业生产的能力是非常重要的。

如何吸引不感兴趣的人

我当初成立 MYFARM 体验农园就是为了让更多领域的人参与到蔬菜种植中来。究竟应该采取怎样的机制才可以让初学者轻松愉快地开启他们的种植之旅，并且能一直坚持到最后呢？我苦思冥想，最终想出了许多"妙招"。比如在田地里备好农具，聘请能站在初学者的角度提供指导的人作为农园指导员，并且策划了很多农园用户可以参与的活动。

然而，说到底，这些服务只能吸引那些原本就对蔬菜种植和农业问题感兴趣的人。若仅仅如此，根本就无法影响那些对农业和蔬菜种植毫无兴趣的人。但我希望的是能让更多的人参与其中，让全世界人民都能意识到食品和农业面临的危机。因为我相信，通过这种方式，能创造出一个更加幸福的社会。

那么，要让那些漠不关心的人关注我们，最关键的一点是什么呢？应该就是培养出更多"能够将蔬菜种植的乐趣传达给大家的人"。从创业之初我就和岩崎说过，如果从初学者成长起来的那些用户在 MYFARM 感受到蔬菜种植的乐趣之后能告诉自己认识的人和身边的朋友，那将是最理想的宣传方式。

因此，我们又为那些已经从蔬菜种植中体验到乐趣的用户专门准备了一种机制，目的在于进一步提升他们的水平。例如，如第 3 章中所述，我们把有机种植专家西村和雄先生在田地里指导大家种植蔬菜的场景拍成视频发布出来，作为收费内容提供给农园用户。

对已经掌握了蔬菜种植知识的人，我们又会请他们站在前辈的立场上，照顾那些刚来农园的新人会员。像这样，进行"自产自消"的人有提高的空间，才能进而带动越来越多的人加入"自产自消"的行列中，MYFARM 将这种机制称为"自产自消螺旋"。

在 MYFARM 学院开展农业技术支持

在"自产自消螺旋"中，一个非常重要的存在就是从 2010 年开始启动的农业培训学校——"MYFARM 农业创新大学"（旧称 MYFARM 学院）。2010 年，我们在滋贺县野洲市开设了第一所"MYFARM 农业创新大学"，从 2012 年起，又相继在大阪府高槻市、横滨市和千叶县东金市设立了分院。学院设置两种课程，一种是为期一年的"有机农业专业生产者培养课程"，另一种是为期半年的"周末务农准备课程"。

"周末务农准备课程"的特点，是在不影响人们从事现有工作的前提下，让他们学到农业生产方面的知识。有些人"虽然对农业感兴趣，但又感觉辞去工作转而从事农业的风险太大"。我们设置这一课程的目的就是要打消这些人的顾虑。另外，还有一些人虽然并不打算靠农业养家糊口，但是想更深入地了解蔬菜种植知识，对田园生活十分向往，他们也是这一课程的目标客户群体。在为期半年的学习时间里，学员有 12 次农园实习的机会，每次时长为 3 小时，可以体验从平整土地、堆肥制作到收获的全部过程。另外，还包括 12 次课堂授课,每次也是 3 小时,学员可以在课堂上学习有机栽培和无农药栽培的区别、农作物病害的类型以及农药相关知识等。

因为这一课程不仅可以让学员边工作边学习,又可以作为单纯的兴趣爱好,所以课程的申请人数总是超过招募人数。值得一提的是,申请人中既有有志从事农业的年轻人,又有 60 多岁的老者。从中不难看出,大家确实需要 MYFARM 农业创新大学这样的全新的学习农业的场所。

2012 年时,只有滋贺县野洲市开设了"有机农业专业生产者培养课程",课程设置目标是在一年内将学员培养成独立的有机农业专业生产者。2019 年 4 月,我们和据说是日本有机农业的发源地——兵库县丹波市合作,开设了全日制农业培训机构"农之学校"。在当今农业生产活动中,常规耕作方法(使用化肥和农药,栽培单一作物的耕作方法)仍占主流,但我们还是坚持让学员学习有机耕作方法。这是因为,今后传统耕作方法会因为石油价格上涨引发化肥价格上涨、进口限制问题以及消费者追求安全农产品的意识增强等原因逐渐退出历史舞台。

但是,我们现在面对的状况是,完整的有机耕作方法授课体系尚未建立,要想深入学习,一般只能采取向有机农户"拜师学艺"的方法。而如果选择这种方式,就意味着人们必须在

■■■ 从荒地到市民农园

图为西村老师（最右）为 MYFARM 会员讲授特别课程的场景。他风趣幽默、通俗易懂的讲解广受好评。

尚不确定自己是否适合务农的情况下辞掉工作，投身农业生产第一线，可以说风险很高。再加上栽培方法会因农户而异，一旦"拜师"，就只能学习"师父"的种植方法。我的目标是通过创建一所能综合学习各种方法的学院来解决这些问题。

这种课程采取全日制的授课方式。学员的目标是在一年后开始投身农业生产，将从实际操作技能和课堂授课两方面学习蔬菜种植知识。野洲农园拥有 28 栋塑料大棚和总面积 1.2 公顷的露天耕地，我们给每名学员都分配了"专用地"，包括露天耕地区和塑料大棚种植区，面积共计 150～300 平方米。我们用专业农户的标准要求这些学员，让他们学习如何在广阔的土地上大规模培育蔬菜。

农园配有灌溉设备、机械设备、打包设备等，学员可以在完善的农业生产环境中，实践从制订种植计划到生产、收获、销售的全部过程。另外，我们还在授课内容上下功夫，以便学员能够掌握农业经营、《农地法》、销售、市场营销等蔬菜种植以外的必备知识。专业农业生产者，同时也是 MYFARM 董事的谷先生也加入了讲师的队伍。

2011 年，专业农业课程的学员只有 3 名，包括一位有志投身农业的 20 多岁的男性，一位"希望依靠农业养育孩子"的单身妈妈，以及一位退休后选择学习农业知识的男性。可以说，这三人无论是年龄还是学习目的都各不相同又极具代表性。

原是关东体验农园用户的一名女性学员开玩笑说："我是被西辻先生您骗来这里的。"之前，每次在农园见到她的时候，她都会来问我蔬菜种植方面的问题。见她如此热衷学习，一天，我问她："女性也会选择把农业作为自己的工作吗？"

"会啊。确实，现在很少有女性从事农业，但是我有信心改变这个社会，让大家看看，女性也有能力从事农业。"她答道。

当然，务农绝不是一条轻松的道路。在自家的小块农地上种植美味的蔬菜和大规模培育能作为商品出售的蔬菜，并选择最佳上市时机收获，完全是两码事。我也明白，这种技能并不是轻轻松松就能掌握的。她应该是在学院学习期间切实感受到了其中的难处，所以才说自己"被骗了"。不不不，我没有打算骗她。我当时是认真的。

正如她所说，如果是从事以农活为主的传统农业，也许男性更有优势。但我认为今后农民的工作方式也将发生变化，除了农作物生产之外，他们也会从事其他工作。她在MYFARM学习期间也在思考新的"工作方式"，我希望她能成为"新工作方式"的先驱。

第5章　收获——农业和人的联系越发密切

为大家创造务农的机会

我为什么要创建 MYFARM 农业创新大学呢？其中原因主要可以归结为两点：第一，在我看来，培养专业的农业生产者，将耕种日本农地的重任交到这些人手上是非常有必要的。还有一个非常重要的原因，就是我想为那些有志务农的人创造就业机会。

但是，新加入农业生产领域的人都会遭遇"第一年"这道坎。也就是说，在大家投身农业的第一年，从播种到农产品上市几个月的时间内是没有任何收入的。其间，人们必须依靠其他工作维持生计。目前，很多人都选择去便利店打工，或者从事其他行业的工作。他们明明有足够的农业知识储备，却被迫从事与农业毫无关系的工作，我认为这简直就是一种浪费。我并不建议这些人在这段时间想方设法申请自治体的补助金，当然，如果真能领到补助金，那可谓是幸之又幸了。

MYFARM 农业创新大学为毕业学员准备的一种方案是在学员修完全部课程之后帮助他们协调废弃耕地资源，让他们在那里开展农业生产活动。但其实这不是唯一的方案，学员的工作内容不仅限于种植农作物，我们还为他们准备了另一个选项，那就是MYFARM农业创新大学的讲师。如果他们选择在MYFARM农业创新大学教书，那么不仅可以最大限度地发挥自己拥有的知识和资质，还可以依靠农业生活。将农业引入自己的生活，同时兼顾其他工作的生活方式叫作"半农半×"，套用这一说法，这种工作方式应该叫作"半农半讲师"。当然，一个人可以同时拥有多个"×"。我认为，最理想的状态是可以通过自己的想法，不断创造新的可能性。

我个人的观点是，今后有志务农的人绝不能成为"蔬菜种植机器"，应该既可以种菜，又可以教人种菜，而且能办体验农园，也能想办法把农业观光的魅力传达给大家……像这样，能够发现农业所拥有的各种可能性，然后通过某种形式传递给大众，这才是最理想的农民形象。这种复合型农民就是今后日本农民的发展方向，也是可以让日本农业在世界舞台上和其他国家一决胜负的筹码。世界各地的人们如果想学习农业知识，就来日本学习，如果想品尝日本的蔬菜，就来日本品尝。也就是说，只有打造出日本独有的耕地和农业人才，才能让日本的农业重新焕发生机。

为了实现这一目标，MYFARM现在不仅在蔬菜种植方面下功夫，还在努力开展与农业相关的各项事业。如果是拥有大

第 5 章　收获——农业和人的联系越发密切

规模农园的农户，也许仅依靠种菜就能获得相当可观的收益，但是坦率地说，这对于那些手里只掌握着零碎的小块田地的农户是十分困难的。即便是大规模农园，如果一味追求规模，也绝不可能在世界上立足。这是因为今后在 TPP 的影响之下，我们可能会面临比以往任何时期都更为严峻的价格竞争，这一点毋庸置疑。

但是，在我看来，我们最终的目标是不再单纯依赖货币经济，而是要建立一种以自给经济（互助经济）为中心的模式，在这种模式之下，同一个社区中的居民可以通过物物交换来生活。比如说，某人可以凭借自己种植的蔬菜获得去医院看病的机会。我有时会想，如果能建立一个不依靠金钱，而是通过交换来生活的机制就再好不过了。如果再深入一步，我可能就要跟大家讨论地区货币的问题了，所以这一话题就到此为止。

以上可能算是我一个比较遥远的梦想，然而现在我正在绞尽脑汁，尝试借助 MYFARM 的力量让那些对农业毫不关心的人，当然还有那些有志投身农业领域的人都和农业世界联系在一起。

充分利用 IT 企业和媒体

另外，为了"将农业与人联系在一起"，MYFARM 开展的活动还有另外一个特点。那就是和各种各样的企业联合起来，共同提供服务。

例如，我前面已经多次介绍过，MYFARM 体验农园的网络摄像头和传感器服务使用了 NEC 和 NTT DOCOMO 等通信及 IT 相关企业的技术，还利用 MYFARM 体验农园的技术，在发行生活新闻报的 SANKEILIVING 新闻社（大阪市）开展"LIVING FARM"的运营活动，并且在该公司发行的免费报纸上刊登招募公告和介绍农园活动的文章，面向普通家庭发布信息。另外，第 4 章中介绍的"农地 DE 相亲活动"则是和活动策划公司合作举办的。

通信公司、IT 企业、媒体、活动策划公司……MYFARM 虽然是一家围绕农业开展工作的公司，但为什么主要的合作方不是 JA 和经营农具的公司呢？创业时我经常被问到这样的问题。

一言以蔽之，关键在于对方是否能够向大众传达农业所蕴含的乐趣，是否拥有相应的基础设施。像这样，在借助其他公司的优势，努力增加用户的同时，MYFARM 也积极地利用 IT 技术，向社会发送本公司相关的信息。因为想亲自运营公司主页，并持续更新信息，所以在 MYFARM 第一次招聘员工的时候，就录用了一些精通网页制作的员工。另外，在即时应对 MYFARM 会员需求方面，IT 也发挥了重要作用。

以上就是我们选择和那种能将农业所具有的魅力传扬出去的公司合作的原因。反过来说，对方为什么愿意和 MYFARM 合作呢？我觉得有以下几个理由。

一个是，MYFARM 通过体验农园的项目直接将那些爱好蔬菜种植的用户和想从事农业的用户联系在一起，并且了解他们的需求。现在，面对食品危机问题，很多企业都在摸索如何通过商业解决这一问题。他们认为，这是未来的一大商机，所以非常重视顾客内心的真实想法。

目前，没有任何一家企业具备 MYFARM 体验农园这样的优势。为什么这么说呢？因为体验农园的生意人工成本太高，根本无利可图，所以没有其他公司愿意做这样的买卖。没有同行，也就没有竞争对手，而且，无论和哪个行业合作，我们都不会和那家公司发生利益冲突。换言之，MYFARM 握着其他行业手里没有的"王牌"。

另外，还有一个理由是，不论目标对象的性别、年龄如何，"食""农"这两个关键字都具有很强的号召力。

自创业以来，MYFARM 接受了各类媒体的采访。特别是 MYFARM 的商业模式，曾获电视新闻和报纸（普通报纸、体育报纸、农业和经济专门报纸等）、杂志（周刊杂志、面向商务人士的男性杂志、时尚杂志等）等不同类型的媒体报道。

除此之外，"农地 DE 相亲活动"也登上了某女性杂志，某地区新闻杂志的《带着孩子一起去的景点特辑》中，也对来农园体验的用户进行了采访，并将我介绍为"青年创业家"，像这样，每个媒体的切入点也各不相同。拥有不同读者群的各色媒体都对 MYFARM 进行了报道，这或许也可以算是农业世界，或者也可以说 MYFARM 这家公司，所拥有的可能性。

着眼于 10 年后的社会，不断向前奔跑

虽然我们有幸获得了各界关注，但其实 MYFARM 并没有什么利润，这一点我之前也曾多次提到过。我说的是，我经营 MYFARM 的初衷是为了增加"自产自消"的人，是为了收获一句"谢谢"。换言之，因为社会有需要，我才选择了这项事业。

另外，在这里我想再额外补充一个我经营 MYFARM 的理由。那就是因为没有人愿意做这项工作，也就没有竞争对手，我就可以顺理成章地成为业界翘楚。而且，我坚信，10 年以后，属于这个行业的时代将会到来，社会也会更加需要这一行业，所以我现在拼命奔跑，其实是着眼于 10 年以后的社会。

10 年后，MYFARM 农业创新大学应该有所发展，一些农业从业者应该能靠在学院教书育人获得收入。顺便一提，这几年来，我一直在为改变日本 40 个都道府县内农业大学的现状而奔走。

其实我也在努力向国家有关部门提意见，希望他们能有所动作。从 2010 年 8 月开始，我成了日本农林水产省政策审议会的委员，从参与农业生产第一线的民间企业的立场出发，对

日本的农业政策提建议。在某次会议上，我提议将经营农业学校的重任交予民间企业，会议决定就此进行讨论。

另外，MYFARM 从 2012 年 4 月开始与一所民间专科学校合作，为其提供教学技巧方面的指导。也就是说，讲师成为农民就业方向之一的日子指日可待。在将来，除了食品生产之外，农业从业人员又多了一种赚钱的方式。而且这样的工作机会是由我们创造出来的。正是因为看到了这样的可能性，我们才开始经营体验农园。

然而，也有人提出质疑："如果目的是给农民创造就业机会，那么完全可以从专科学校入手。"实际上，目前除了 MY-FARM 农业创新大学以外还有很多其他农业专科学校，而且还有很多新的企业参与到这一领域中来。确实，如果从设立专科学校入手，也不是不可以。但我想，如果那样做，根本不可能有现在这番申请人数远超招生名额的景象。

人们之所以选择 MYFARM 农业创新大学，是因为我们设置了体验农园，通过各种各样的方法为用户带来快乐，同时向他们宣传我们的理念，慢慢收获用户信赖的结果。我们首先在体验农园培育出一批对农业感兴趣的初学者，然后通过这些人慢慢扩大用户群体。我们就是这样一步一步走到今天的。我认为，要想"将农业与人联系在一起"，每一个步骤都是不可或缺的。

第 6 章

收获,而后迈向新的荒地

——为建立"自产自消"型社会而努力

第 6 章　收获，而后迈向新的荒地——为建立"自产自消"型社会而努力

改善公司制度，迈出新的一步

某天，京都商工会议所的林久美女士在电话里把我骂了一顿（笑），说我作为一个社长，怎么能什么事都亲力亲为。

说到林久美女士，我们第一次见面还是在我经营"兴"的时候。当时，我刚开始接了绘本的订单，正考虑是否需要发一些宣传稿，便询问林久美女士的意见。从那时起，她给了我诸多帮助，并一直默默守护着 MYFARM，为我们提供了许多宝贵的建议和支持。

2010 年 9 月，我们聘请了一位具有注册会计师资格，同时经营着税务师事务所的男士担任 MYFARM 的监查。林久美女士的一个建议——你的公司已经创立五年了，是时候聘用一位财务顾问了吧——让我有了这个想法。某天，她在电话里对我说：

"创业五年了，也就意味着是时候加强内部管理了。MYFARM 的员工数量已经超过 80 名了吧？这个时候你该做的不是拼命给自己压工作，而是应该好好看看公司的管理。"

的确，我的当务之急是做好公司内部管理，制作第 4 章中

曾提过的"MYFARM定义书"也正是在这个时候。事实上，当时我还咨询了一家咨询公司。

2011年5月前后，我拜访了"Japanwave International"（以下简称JWI）公司的董事长兼社长菊池绅先生，并得到了他的建议。

我向菊池先生说明了公司的现状，大约半小时后，他告诉我："如果可能的话，我希望与所有员工进行一次面谈。"比起听我说，他愿意花更多的时间去听现场的声音。仅这一点，我就觉得他是个可以信任的人。

一个月后，我和各位董事的眼前出现了一份写有大约1000条意见的清单，这些都是由菊池先生在采访了大约一半的员工后整理出来的匿名意见。里面包括关于改进业务、设施的各种建议，对公司的希望和不满，以及从会员那里听到的需求等，涉及范围之广让我们瞠目结舌。

"我们这些局外人随便一打听，就能收集到如此多来自一线员工的信息和意见。可是这些信息和意见都没有得到重视，真是太可惜了。"菊池先生如是说。

彼时，MYFARM面临的问题除了上述"沟通不足"之外，还有"共同目的意识不足""对包含收益在内的事业组织的认识不足"。为了解决上述两个问题，JWI建议我们进行组

第6章 收获，而后迈向新的荒地——为建立"自产自消"型社会而努力

织结构调整。

让多个员工负责的农园重叠，就是一个典型的例子。以"农园链"的形式来串联多个农园，实现服务与耕作技术的共享。因为到 2011 年为止，农园的工作人员都是以自己的方式来为会员提供服务，收到会员的咨询时，也一般是依靠个人的判断来处理。重叠后就可以有效避免这些问题。

此外，我们决定将距离较近的几处农园归入同一"区域"，每个"区域"内都设置一位资深工作人员担任 SV（指导、咨询人员），负责定期视察所有农园。在这个过程中，我们编制了"MYFARM 定义书"。

得益于此，我们的经营状态发生了巨大的变化。SV 会积极地提出自己的意见。我、岩崎与谷三个人都觉得，我们应该借着这一良机，向所有员工灌输公司的基本理念，并努力让大家的心团结起来。

"在过去的四年中，MYFARM 的确取得了一定的成就。但我们毕竟只是一家刚刚诞生五年的新公司，一切都还处于刚刚萌芽的状态。员工数量在逐步上升，各种社内研修和公司制度也要随之逐渐完善了。"岩崎说道。

与此同时，谷也表示："越来越多的毕业生来公司面试时都表示'MYFARM 是我的第一选择'。这是因为他们觉得这是

一家非常棒的公司。一些人告诉我们：'我很喜欢农业，所以我想来 MYFARM 工作。'但作为一个农民，我想说，MYFARM 所做的，其实并不是真正意义上的'农业'。因为'农业'中的'业'字意味着'生计'。在建立一个让农民得以谋生的商业模式这条道路上，MYFARM 只是迈出了一小步而已，距离真正的'生计'还有很长的一段路要走。我们现在做的充其量只能算是'农'，或者说是'农的服务业'。"

在创业初期，我们经历了很多苦难和艰辛。我们深知若要实现"将日本的废弃耕地数量降至零""建立一个让农民得以谋生的商业模式""振兴日本的农业"这些目标，我们都需要花费莫大的时间和努力。但我们同时也有一种紧迫感，因为如果我们不努力，日本的粮食问题可能还会加剧。我们也时常讨论这些问题。

内部管理的目的就是让所有人都将其视为自己的责任。为此，我们这些董事成员还应继续努力向所有人传达这一观点。

林久美女士常说："一定要把 MYFARM 做得基业长青。"这句话因 1995 年出版的由詹姆斯·C.柯林斯和杰里·I.波拉斯合著的《基业长青》一书而闻名，后来人们借用这个词来形容"具有前瞻性的、面向未来的公司"，或"即使经营者更迭也能继续繁荣发展的公司"。

第6章 收获，而后迈向新的荒地——为建立"自产自消"型社会而努力

为了让 MYFARM 基业长青，我们就要让所有员工都了解企业经营的基本理念，让每个人都有"公司发展靠大家"的责任感。那么，我可以为此做些什么呢？为了弄清这个问题，我自 2012 年开始参加了一个经营者沙龙。我想，具有相同立场的人们相互分享心得体会，或许会碰撞出新的火花。

■■■ 从荒地到市民农园

只要有机会，我就要跟农林水产省好好谈谈

在加强公司内部管理的同时，我也在公司外做了许多事情。例如自2010年8月以来，我便开始担任"农林水产省食品、农业、农村政策审议会"的委员。

之所以会被任命为该职务，主要是因为时任大臣官房政策科山口靖上席企划官认为"应该积极听取有志农业发展的年轻人的意见"。

该审议会委员包括株式会社罗森的董事长兼社长CEO新浪刚史先生，味之素株式会社董事长兼社长山口范雄先生，丰田汽车株式会社董事长兼副会长渡边捷昭先生。每次参加这个日本最高企业家云集的审议会，我都会感到手足无措，觉得自己出现在这里有些不太合适。

不过，这么难得的机会我自然不能错过。农林水产大臣会出席我们的审议会，会议记录也会上传至农林水产省的官方主页对外公布。换言之，审议会上的所有发言都可能直接影响国家政策的制定。可见，想要改善日本的农业，没有比这更好的机会了。

第6章 收获，而后迈向新的荒地——为建立"自产自消"型社会而努力

审议会设有多个小组会议，将针对各类政策问题进行讨论。我在会上表示，农业型企业的创新是创造新农业的关键所在，而且就当前情形来看，第六次产业化并没有在民间激起太大的浪花。

前几日，我在小组会议提出了农业委员会是否真有必要设立的问题。我的观点如下：每个市町村都设有农业委员会这一行政组织，如需进行农业用地的转用或出售，都需要在该委员会上得到知事的批准。即便是由国家制定的农业政策，在真正实施的时候也需要依靠农业委员会这一独立的当地代表组织来运行。如此一来，农业政策就可能为地区的实际情况让步，自然也就无法达到统一实施的目的了。

"各地的情况固然需要考虑，但长此以往，国家的政策虽好，却有可能根本无法普惠至全日本。如今，日本的农业面临着许多严峻的问题，在这个正当举全国之力以促进农业发展的时刻，农业委员会的存在真的合理吗？"我在会上说道。我心想："只有我这种别无长物之人，才能畅所欲言。"所以每次参会，我都会毫无保留地阐述自己的想法。所幸在听完我的发言后，一些委员会表示"你的想法很有意思""不错，请继续说下去"等，这也给了我莫大的鼓励。

日本的农业应以"技术"谋发展

要说委员会中大家最感兴趣的话题，那还得是 TPP。日本的农业产业已经是时候认真思索加入 TPP 后的生存问题了。

其实一直都有人问我："加入 TPP 后，日本的农业会发生什么改变呢？"在我看来，能在浪潮中坚持到最后的，大概只有那些种植京都菜等品牌蔬菜的农民，以及极少数在营销方面作出努力农民吧。与此同时，其他农民都可能因此而陷入困境，所以我们更应该尽快发掘日本农业的优势。我在审议会上也曾提议，要找出能够推动日本农业发展的方法，而且，与其他行业一样，我们也应在农业领域导入健全的 PDCA 分析体制。

我认为，留给日本农业的唯一道路，就是确立属于自己的农业技术。这一点，我在第 5 章中也曾提到过，面对全球粮食危机问题，不少国家大量购买农地，美国试图垄断种子，那么日本能做什么呢？我想，我们可以创造出属于自己的荒地重生技术，让别的国家都来学习我们的先进技术。我们在日本东北地区使用过的土壤改良剂，以及我们的 MYFARM 农业创新大

第6章 收获，而后迈向新的荒地——为建立"自产自消"型社会而努力

学，就是我们的答案。

不知道大家是否听说过，石川县的能登半岛和新潟县的佐渡岛曾在2011年获得过联合国粮食及农业组织（FAO）的一项大奖？这个奖项名为"世界农业遗产"，设立的目的在于保护那些基于当地环境优势下发展的传统农耕法，及充分考虑了生物多样性的土地使用方式。

前几天我去了一趟能登半岛，想看看它究竟为何能收获这一殊荣。梯田层叠翠连天的千枚田里，年迈的老奶奶们正在辛勤地劳作着。看着眼前这种效率不高却充分借助了自然力量的农耕方法，看着货郎们挑着摆满蔬菜和鱼的担子走街串巷……这才是近在咫尺的农业，这才是最自然、最富足的生活方式，这不就是我所追求的"自产自消"的最理想形式吗？这个"世界农业遗产"的"农业"形态，已经绝非单纯的"粮食生产"了。

之所以被列为"保护对象"，我想其原因就在于这里的人们过着一种与自然、生物和地球环境紧密相连的生活，而这种生活方式中，隐藏着珍贵的农耕方法和技术，我甚至觉得那里的语言也许都足以称为"遗产"吧。我认为，日本应该充分利用古老的智慧和现代科技手段，研发出全球领先的卓越技术。

在前文中我曾写到，大概只有京都菜等品牌蔬菜能在加入

TPP 后存活下来。准确来说，应该是当日本的农业技术及其产品形成一种全球消费者都认可的品牌后，日本就能淡然面对 TPP 了。

我不是预言家，不知道未来会如何，但我相信，眼前的这片得天独厚的能登美景很快就能吸引更多想要实现"自产自消"的人前来学习。

第6章　收获，而后迈向新的荒地——为建立"自产自消"型社会而努力

我想扎根于仙台

接下来，我想谈一谈序言中提到的仙台项目的后续。

东日本大地震发生一年后，我感到仙台正在"召唤"我。自与伊贺先生一起去当地看过之后，我每个月都会过去一次。复兴番茄成功后，我们利用同样的材料（土壤改良剂）种植了卷心菜和草莓。后来，我们又开展了一个名为"幸福一抹黄"的项目，在仙台市亘理町吉田地区的大片农地中撒下了油菜种子。关于这个项目的具体情况，我在上文中也作过介绍。

当年曾与MYFARM一起推进该项目的政府机构与NPO组织早已逐渐退出了。倒并非他们已经失去了兴趣，而是因为他们想鼓励当地的农民独立起来。

我认为这是个正确的选择。不过我还在继续支持着他们，因为我总觉得现在还不是自己"抽身"的最佳时机。

之所以这么想，一个原因就在于我想让MYFARM"在仙台扎根"。正如我在序言中提到的，其实早在东日本大地震发生之前，我就想在日本农业的中心地区——东北建立一座MY-

FARM 学院。但我总觉得，我想做的不止于此。或者可以说，我总觉得这是仙台这片辽阔的土地发出的一个巨大的"求救信号"，似乎有人在对我说"这里还有使命在等着你"。

油菜花项目的后续

自 2012 年年初开始，我们就一直在思考前一年 11 月开展的"幸福一抹黄"项目的后续问题了。

11 月，我们将油菜种子撒向大地，希望借此增加当地农民的就业机会。志愿者和游客们虽然帮我们播撒了油菜种子，但真正的种植工作却是从那以后才开始的。我们种下的种子会在 12 月左右开始发芽，嫩芽会让这片被海啸摧毁的荒地重新焕发生机。

可就在 1 月下旬，我们接到了一个种植油菜农民的电话："许多芽苗都被风吹走了。"收到消息后我们连忙赶往现场。当地农民告诉我，沿海的防风林大都被海啸所摧毁，所以从太平洋吹来的寒风直接毫无阻拦地吹到了我们撒满种子的那片农地。那一日，伊贺先生又开车带我去了现场。我们沿着播种的那片农地走了一圈，的确，嫩芽几乎都不见了……风也确实如他们所说的那般来势凶猛，似乎都能推着我们前进了。我们顶着强劲的寒风，瑟瑟发抖着在农地里四处查看。终于，我发现了问题所在：

"原来如此，我终于懂了！"

其实那些芽苗并没有被狂风吹走，而是被强风携带来的沙土覆盖了。因为我发现在一些地势略有隆起的地方依旧长着许多油菜芽。至少我们的油菜安然度过了这一劫。不过它们还需要面对 2 月的大雪、狂沙的侵袭……经过这些自然的考验后，才能迎来美丽绚烂的黄色花朵。但除了相信大自然的力量外，我们别无选择，也只能默默祈祷它们能够成功跨越所有的困难，开出灿烂之花。

那么，油菜花开了以后，我们该做些什么呢？如何利用它们来帮助农民恢复生计呢？这便是我们的下一个课题了。

"我希望让更多人看到油菜花盛开的美景。不如举办个音乐节之类的活动吧。"

"开花后有什么打算吗？比如加工成某些产品后，再找销售渠道吗？"

"可是加工什么产品好呢？菜籽油？泡菜？或者搭配仙台味噌加工成什么食品……养蜂也是个不错的主意吧。"

"做肥料怎么样？"

当地的农民各抒己见，可就是没能想出一个让大家都满意的答案。后来在某个一直支持我们的大阪 NPO 中心的介绍下，我们认识了一位在仙台地区参与各种政策制定的女士——

第6章 收获,而后迈向新的荒地——为建立"自产自消"型社会而努力

横山英子,她给我们提了一个很好的建议:

"把油菜花做成鲜花礼品后在网上销售如何?从曾饱受盐害之苦的东北地区寄来的鲜花,一定会让人觉得更开心吧。更何况,金黄的油菜花本就代表着勃勃生机。"

"这个建议听起来很有意思啊!"

在各路高手的建议下,我脑中本就已经闪现出了很多点子,而横山女士的一席话更是让我想出了一个更大的计划。

"今后还有什么其他能够给农民以支援的措施吗?"

"嗯,我还没有具体的想法。不过我也在考虑可否让他们制作一些油菜花加工产品。"

"这样啊。不过那片地区的农民以前大都是种植草莓的吧?"

"的确如此。只不过后来他们的温室和农地都被海啸摧毁了。"

"那我们是不是可以想办法帮助他们重新开始草莓种植呢?"

其实我原先也有过这个想法,只不过在此之前,我们要先解决一个问题。

我们开展"幸福一抹黄"项目的亘理町吉田地区已经被日本政府指定为大型太阳能发电候补地区,所以政府也就不会再

支持该地区的农业发展了。虽然政府是出于"可能还会再次发生海啸"的考虑，但这个结果也未免……当我得知这个消息后，一抹失望瞬间涌上心头。如今的吉田地区已经成了"当地自治体基本不会在农业方面给予政策激励，想要在此种植就要自行承担风险"的地方了。而种植草莓远比种植油菜成本更高、更费时，所以我一直犹豫着是否要将其作为长期项目来实施。

"话虽如此，但我觉得'还想种草莓'的人还是很多的，我们真的不为他们做点什么吗？"

"我也是这么想的，我再想想办法吧。"

为此，我走访了多家当地的农民。一些人觉得"要将草莓种植者组织起来，打出属于我们的草莓品牌"，也有一些人表示："一直以来我们都是一国一城之主①，也不想再形成什么组织了。"或是"我老了，已经没有精力再种什么草莓了，干脆趁此机会回家养老吧"。综合诸多意见深思熟虑后，我决定在仙台成立一个 MYFARM 农业合作法人，并将其命名为"MYFARM 长期农业合作法人"，计划于 4 月正式启动。

---

① 典故出自德川幕府时期的"一国一城令"，即每个令制国内只可保留一个都城，此处用于形容单打独斗。——译者注

第6章 收获,而后迈向新的荒地——为建立"自产自消"型社会而努力

为农民提供多方面支持

简单来说,农业合作法人就是一个为内部成员提供销售渠道、耕作指导,协助团购种子、种苗及农器具的组织,作为回报,成员将为我们提供耕种服务。

当我思考MYFARM能为东北农业复兴做点什么的时候,我做的第一件事便是梳理自己现有的优势,最后汇总成"农业经营能力""销售渠道开拓能力""农耕技术""灵活性、激情"及"少量的资金"这五大方面。于是我决定将这些优势结合起来,成立"MYFARM长期农业合作法人"。农民生产出来的农作物将会由我们直接卖给消费者,而不在市场上流通。之所以这么做,是出于对当地JA的考虑,尽量避免出现利润被多层分摊的情况。

这对公司来说是一个重大的决策,所以我在下定决心之前也曾经历过一段时间的挣扎。最后还是一个从大学时代起就一直鼓励我的朋友推了我一把:

"你不是一直说想从事农业吗?那就大胆往前走!"

这个我总喊他"小吉"的朋友,就是我从大二起兼职的那

家酒吧的老板。他见过我的历任女朋友，也一直看着我从创业初期走到现在。MYFARM设立初期，我曾因为没有收入，付不起员工工资，而在他的酒吧里建议大家另谋高就，也曾在他的酒吧里和员工们吵架，然后又和好如初。

不得不说，他的这句话让我大受触动。如果我们不尽最大努力通过农业帮助灾区，那怎么能称为"大胆往前"呢？而且我认为，就目前的情况而言，当地的农民尚不能独自担起复苏农业的重任。或许有人会说我过于一手包办了，但我还是希望能通过创建横向联系，给予他们强有力的支持，真真正正地为农业复兴献出一份力量。

我也希望"MYFARM长期农业合作法人"能够对促进农耕方式的多样性作出贡献。我一直认为，耕种方式的多样化是促进其发展的有效手段。例如可以让一些人成为大型农业生产法人，主要负责耕种工作；让一些人召集一些不同耕种方式的农民，组成农业合作法人；让一些人作为讲师，提升大众对农业的兴趣；让一些人负责少量多品种种植工作；让一些人负责当地的农产品运输工作，等等。这种复合型的农业布局才是最理想的形态。由不同经营方式组成的网络更有利于进行分工，而我们也能更自信地向世界宣告"这就是农业"！如此一来，日本的农业或许也能迎来更加美好的未来。

第 6 章 收获，而后迈向新的荒地——为建立"自产自消"型社会而努力

漂洋过海的土壤改良剂

接着，我们在仙台开展了一个新项目，也就是前文中提到的，用于尽快恢复地震后被盐害农地的土壤改良剂。当时我们结合日本的传统农业方法，使用多种天然原料制成这一土壤改良剂。其中对盐害的改善最有效，同时对一般种植最有帮助的方法便是福井县的"吡咯农法"。

泰国的一家公司问我们"是否可以在泰国使用"这种含有吡咯的材料。大家应该还记得 2011 年夏天在泰国北部城市清迈，以及同年 10 月在中部首都曼谷发生的特大洪灾吧。这场大范围、长时间的洪水让泰国各地的农地都遭到了盐害。直到 12 月下旬，曼谷的洪灾才正式宣告结束。洪水是由河川泛滥所致，所以淹没农地的并非海水，而是淡水。尽管如此，洪水退去后的干涸土地也会因矿物质漂浮而遭受盐害困扰。

换言之，泰国虽然并非如日本一般遭受海啸的袭击，但也依旧受到了盐害的影响。所以我预测，这种改良剂对泰国的土壤应该也是有效的。

我认为这样做成功的概率是很高的。为了验证这一猜测，

我预订了飞去泰国的机票。想到我们为日本东北地区研发的改良剂很可能在不远的未来漂洋过海，我心中就会涌起一种奇妙的感觉。

"如果这种改良剂能在泰国获得成功，就证明它对受洪水影响地区也是有效的，那么这种改良剂的使用范围也就更广了。"曾在"复兴番茄"项目中给予我们大力支持的 NTT-DOCOMO 以及 NEC 的朋友们听说了这件事后纷纷这么对我说。

那天，我在老家（我和家人现住在东京）住了一夜，第二天一早妹妹就对我说："哥，你昨晚是不是说梦话了，'泰国！以后就是泰国啦！'而且说得好大声，我在隔壁都能听得一清二楚。"（笑）我竟然会激动到如此地步。这太令人期待了。

第 6 章　收获，而后迈向新的荒地——为建立"自产自消"型社会而努力

进攻、进攻、进攻

一直以来我都有一个梦想——"让废弃耕地恢复农耕生机以振兴福井"，但这几年我先是忙于东北的项目，后又忙于海外的项目，总觉得自己被一股难以抵抗的力量拉得越来越远。

我在福井县也积极参与了许多当地的项目，例如和当地的农业高中一起合作开展废弃耕地的复苏项目。或许现在是我远游的时期，但总有一天我会回到生我养我的故乡，为福井地区的发展鞠躬尽瘁。我有很多很多想法，也相信总有一天福井会召唤我，就像曾经的仙台一样。

自从创办 MYFARM 以来，我似乎总在四处奔波。推动我不断前进的，是父亲曾经对我说的一句话。

那是 2008 年的新年，也就是我创办 MYFARM 后的第二年。在我们西辻家有一个传统，即每到新年，父亲、母亲和我们兄妹俩都会在吃御节料理①前轮流公布新一年的目标和计

---

① 日本人新年时吃的菜肴，一般装在多重彩盒中，十分喜庆吉祥。——译者注

划。当然，我的目标就是让MYFARM尽快步入正轨。

父亲听完我的目标后说："每年的年底，京都清水寺不是都会揭幕一个'今年的汉字'吗？不如我们也写一个？我觉得你今年的汉字就是'攻'，听好了，总之你今年就是要'进攻'。"

听完，我马上就把这个字写到自己的手机上。自那以后，这个字就成了我的座右铭，第二年是，第三年也是，直到现在都是如此。

进攻、进攻、进攻。无论是我"积极营业"被拒时、冒着烈日与岩崎及朋友们亲手开垦农地时、农园被洗劫一空时，还是我因客户的不满而跪下时……都是这个字给了我坚持下去的勇气。

"也许当时我不该那么说，你现在真是太拼了。"如今，父亲时常苦笑着这么说。

"不过你做的都是造福社会的事情。即使你不是我儿子，我也依旧会这么觉得。"

父亲的话让我感到很自豪。因为打我记事儿起，父亲在我心中就是一个高大的企业战士的形象，也是我的偶像。可是爸爸，很抱歉，我还会继续进攻的。虽然总是让您操心，但请您看着吧，我一定不会让您失望的。

第 6 章　收获，而后迈向新的荒地——为建立"自产自消"型社会而努力

目标与愿望

在接受媒体采访的时候，我经常会被问道："请问贵公司在将来有什么计划呢？同时也想听听您个人的未来展望。"

对公司而言，我还有许多想要挑战的事情，但又不知道该从哪里说起。在前文中我也提到了许多内容，不过在此，我还想简要说明一下我们的其他计划。

第一个计划，是期望通过与一些经营市民农园的民间公司展开合作，创造一个新的市场。我认为这种横向合作是非常必要的，如此一来，就可以确立农业在"为喜爱农业者提供耕种机会"这一领域中的坚固地位了。

在日本大地震后，受到某些谣言的影响，我们的用户数量曾一度锐减。后来我们在 MYFARM 之外，又与开设了包括屋顶农园在内的"东邦 Reo"、高级租赁农园"AGRIS 成城"、在 IT 方面很有优势的农园"BIGLOBE FARM"展开了四方合作，推出了名为"一起种植蔬菜"的项目，促进用户间的交流，从而推动行业的发展。我认为一旦这个市场动摇，日本农业就可能失去一个重要的机会。我也希望能在未来继续加强这

种合作，激发城市居民对农村，以及对农业的憧憬。

第二个计划，是希望与新的行业建立合作关系。

我认为，货币经济形式下的创新，就是将现有市场与其他市场相结合，从而创造出一个新的领域。一些乍看之下异想天开的领域，实际上就是两个市场结合后的结果。所以，我时刻提醒自己要保持思维的灵活性，多从与其他行业合作的角度来考虑问题。

到目前为止，MYFARM 已为包括"BIGLOBE FARM"（IT）、"LIVING FARM"（传媒）在内的多家企业提供了体验农园技术支持及废弃耕地。我们也计划与教育行业或建筑行业的企业合作设立新的农园。

在与教育行业的合作方面，我们一直都与一所学校保持着密切的关系。在 MYFARM 刚成立的那段时间，公司的收入尚不足以维持我的正常生计，我就做了一段时间的兼职教师，当时曾给过我诸多协助的一名员工后来跳槽去了那所学校，便偶尔带着学生们来 MYFARM 进行野外实践。我也由此产生了与教育行业合作的念头。

来农园的这些孩子都是不登校①的学生，所以我们很难与

---

① 指学生长期主动不去上学的行为，原因包括校园霸凌等。——译者注

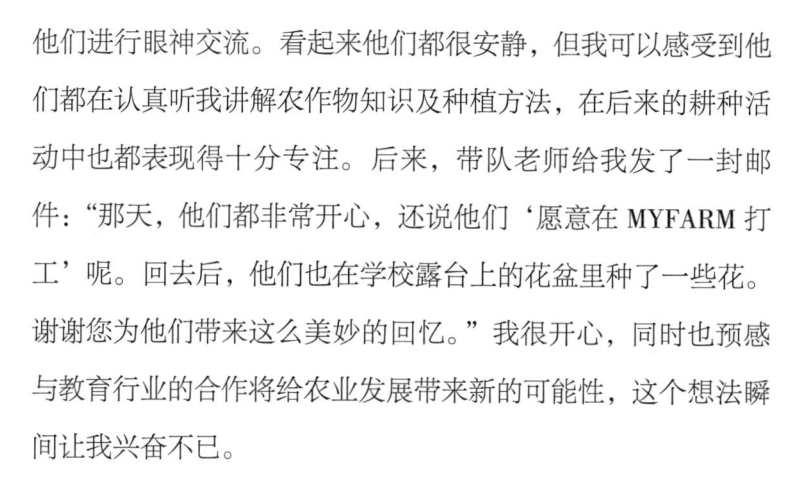

第 6 章 收获，而后迈向新的荒地——为建立"自产自消"型社会而努力

他们进行眼神交流。看起来他们都很安静，但我可以感受到他们都在认真听我讲解农作物知识及种植方法，在后来的耕种活动中也都表现得十分专注。后来，带队老师给我发了一封邮件："那天，他们都非常开心，还说他们'愿意在 MYFARM 打工'呢。回去后，他们也在学校露台上的花盆里种了一些花。谢谢您为他们带来这么美妙的回忆。"我很开心，同时也预感与教育行业的合作将给农业发展带来新的可能性，这个想法瞬间让我兴奋不已。

接下来，我还想简单地说说我个人的愿望，或者也可以说是我的梦想吧，因为我总是把"目标"和"愿望"分开。所谓"目标"，是指我们可以在相对较短的时间内实现的事情，也可以说是我的里程碑。小到"今天一定要完成"的小事，大到我在上文中提到过的内部管理，或者我在创业初期与岩崎一起制订出的三阶段经营计划，都属于"目标"的范畴。

而"愿望"则不同，是指一个也许距离我还很遥远，但又非常希望能实现的事情。例如，我想成为复兴家乡福井的中坚力量，或者成为福井最重要的农民之一，并让福井的农业达到前所未有的辉煌，成就一个"全世界物产最丰富"的福井。如果需要通过改变制度来实现这一目标，那我希望自己能先被委任某个农业行政职务（虽然我不知道是否存在这种职位）。如果只有成为知事①才有权改变，那我也可以考虑以此为目标。

除了助力家乡发展之外，我还希望能推进农业相关的各项法律、制度的大幅改革，让更多人爱上农业、为更多人提供农业工作的就业机会，这也是我的一个愿望。所以我要好好积累经验，有朝一日被任命为民间起用的农林水产大臣后，就能够改变日本的农业制度了！这也是我的愿望。

以上皆是我的异想天开。其实我最大的愿望，就是"让全世界的所有人都过上'自产自消'的生活"。

"自产自消"有别于"自给自足"，并不意味着需要种植所有日常生活中需要的蔬菜。在阳台上种植大葱，或是购买其他人种植的蔬菜都是"自产自消"的一种表现形式。我希望能有越来越多的人觉得"我想去附近的地里购买刚刚采摘下来的新鲜蔬菜，因为那特别美味"。我希望能提升所有人的农业意识。

虽然这不是约翰·列侬的《想象》(*Imagine*)，但我还是希望大家愿意期待这种生活方式。

如果全世界的人都爱上种植蔬菜——

---

① 日本都道府县行政区的首长即为知事。——译者注

第6章 收获，而后迈向新的荒地——为建立"自产自消"型社会而努力

就会有更多的人在这个过程中留下与孩子们共处的快乐回忆吧。

孩子们就不会那么讨厌蔬菜，就会变得更加健康吧。

消除生活习惯病的梦想也许就能成真了？！

会有更多人学会辨别美味的蔬菜吧。

会有更多人学会耐心对待自然、学会淡然面对等待吧。

如此一来，这个世界就会变得更美好，人们脸上的笑容也会越来越多吧。

体会到种植蔬菜的艰辛后，就会更愿意花钱购买农民辛勤耕种出来的蔬菜了吧。

就不会再有"农民不挣钱"的担忧了吧。

人们会和邻居互换农作物，彼此间的交流也能得到促进吧。

诸如吡咯农法等农耕方法，会成为人们茶余饭后的谈资吧。

电视节目上会认真讨论磷矿石的供应问题吧，毕竟这对植物的生长可是至关重要的。

或许我们会迎来蔬菜种植奥运会呢？

世界上的荒地都会披上绿衣吧。

如此一来，二氧化碳排放会变得越来越少了吧。

再也不会出现粮食失衡的发展中国家了吧。

从此再不会有因粮食危机而引发的战争了吧!

太神奇了,原来"自产自消"竟有助于世界和平呢!

是的。在"自产自消"社会的尽头,我看到了许多微笑和希望。

后 记

写罢此书，我明白了自己为什么喜欢农业。那是因为"我喜欢自己，进而对塑造了自己的福井、日本、地球，还有各个领域的人际关系，以及将全部事物连接在一起的土地"心怀感激，并且想作出回报。最终，我成了一名试图向土地传达满腔热爱的自我陶醉者以及土地爱好者。

所以，每每看到废弃耕地，我就会陷入忧伤之中，每每听到福井县有濒临消失的村落，我就会坐立难安。我一再提醒自己，要一直向着"农业"的方向不断前进，让福井成为日本农业发展的标杆，让日本的"粮仓"更加充盈，为了让全世界的人们不再忍受饥饿的折磨，我要将"自产自消"的力量发挥到极致。这是写完这本书后我最大的感触。

感谢在本书制作过程中给予大力支持的学艺出版社的各位同人，特别是知念老师、中木老师，以及在整理过程中给予我莫大帮助的木下老师。承蒙各位相助，我才能在农业界发生重大变革之际顺利完成本书的出版工作。

另外，我还要向在本书编写过程中为我提供帮助的以下各位同人表示感谢：

岩崎吉隆（MYFARM 共同创始人/原董事）

谷则男（现 MYFARM 监察）

西村和雄老师（MYFARM 创新农业大学顾问）

柳沼多惠子（原 MYFARM 关东经理）

浪越隆雅（现 MYFARM 执行董事）

田中千秋（原 MYFARM 区域 SV）

钓崎摇子（MYFARM 总务·劳务部）

铃木弘子（MYFARM 横滨 农园主）

铃木孝佳（MYFARM 大宫 农园主）

芦田喜之（原 MYFARM 区域 SV）

滨田隆行（原 MYFARM 区域 SV）

江田直嗣（原 MYFARM 屋顶菜园大日 Bears 助理）

MYFARM 农业创新大学"有机农业专业生产者培养课程"的各位学员：

山口靖（农林水产省大臣官房政策科）

林久美（京都商工会议所智慧产业推进室）

小松史朗老师（近畿大学短期大学部副教授）

后 记

伊贺健康（有限公司 EcoNet 董事长）

石川武（三共精机株式会社董事长兼社长）

菊池绅（Japanwave International 株式会社董事长）

成田治（株式会社 MIYAHAN 董事长）

横山英子（株式会社横山芳夫建筑设计监理事务所董事长）

山田周伸（株式会社山田屋董事长）

上山康一郎老师（藤岛高中原教师）

佐佐木英秀老师（藤岛高中原教师）

大塚雄介（株式会社 Nexway）

以及我的家人：

西辻孝三、西辻悦子、西辻悠里子、西辻有美

大家的支持让我感觉到自己在真正地活着，也由此感到十分幸福。我无以为报，唯有努力为下一代开创一个更加美好的时代，努力改变社会，回报社会。今后也请大家多多支持！

西辻一真

中文版特别篇章
—— MYFARM 的后续

2011 年春，在东日本大地震刚过去大约一个月的时候，我们的公司也遭遇了危机。由于核电站事故，放射性物质对周边环境和居民的健康造成了极大的威胁，用户们纷纷和我们的体验农园解约，导致大部分农园难以维持经营。每天都有很多用户找到我们，咨询"是否可以中途解约""农园是否安全"……虽然心情非常低落，但在这个时候，我还是将用户的款项如数退还，告诉用户"如果环境能够恢复，一定还要来农园"，然后与客户解除合同。结果，我们公司陷入了负债状态。而且，因为我们此前一直在为复兴东北地区而努力，所以公司员工多有不满，一些董事提出，最好的办法是关闭现有公司，成立 NPO 法人。

尽管如此，看到眼前的状况，我认为想要马上恢复日本的农业势比登天，于是我加入了东北复兴志愿者的队伍，但是突然发生的一件大事打乱了我的阵脚。在我刚刚从东北返回京都的时候，公司召开了董事会，一番激烈的争执过后，我辞去了社长的职务。通俗一点来说，就是公司发生了"政变"。这个时候，我已经做好了思想准备从不知道接下来该何去何从，一切已经无法挽回的绝境重新开始。但因为MYFARM的事业对社会来说至关重要，所以我当时嘱托留下来的成员一定要将MYFARM从事的活动继续下去。然后，我离开了公司，正式加入了东北复兴志愿者的行列。

2012年，MYFARM加入其他公司的旗下，本部也从京都转移到了神户，并且开始涉足蔬菜流通领域。说起来非常简单，就是由于当时九州和关西地区对蔬菜的需求量持续增加，所以MYFARM就利用蔬菜生产者构建起来的网络进行采购，然后再销售给超市。但是，我对该做法持怀疑态度。此前，MYFARM一直在为建设"自产自消"型社会而努力，现在却开展普通的流通业务，两者之间如何统一呢？虽然无法认同，但我毕竟不是社长，而且当时MYFARM已经被其他公司收入麾下，所以这可能也是为了保住公司的无奈之举。直到现在，我仍然对当时留下来为公司而努力的大家心怀感激，我认为这份事业在社会实现"自产自消"的时候，能为MYFARM农业创新大学的毕业生和我们公司农园的扩大作出贡献，所以时至今日，我仍然在坚持。

正当公司想方设法摆脱困境的时候，曾在东北和我们一起开展复兴活动的一个伙伴联系我说:"西辻,东北的事情已经告一段落了,MYFARM需不需要我帮忙?"当时那种开心的感觉,我根本无法用言语来形容。那段时间,我失去了家人,失去了金钱,也已经彻底被农业界所遗忘,整个人狼狈不堪。说实话,当时我正处于迷茫之中,不知道该怎么做才能让MY-FARM重获新生。但是,面对突如其来的机会,我的想法是,如果我不能好好利用这次机会,就对不起这个曾经的伙伴。另外,我想纠正我之前丢下MYFARM,自己消失的错误选择,让MYFARM重新活过来是我的使命。我的心不停地颤抖,但还是马上构思出了好几个计划。其中之一是求助我十分尊敬的企业家——创立RECRUIT的江副先生,从我创业初期开始,他就一直为我提供支持。我希望从他那里借到重振MY-FARM的资金,于是拜访了他在东京的办公室。一番寒暄过后,我正想讲明来意,他却跟我说:"西辻,我们去吃天妇罗吧!"随后就把我带到了附近酒店的天妇罗店。这时,我手心冒汗,紧张得根本尝不出天妇罗的味道。想不到,江副先生先开口说道:"我认为农业对日本来说非常重要,RECRUIT也曾在九州和东北地区活动,但都没有跳出福利政策的框架,根本不能称其为事业。但是你却想要成就一番事业,而且还提出了一种新的概念,我愿意支持你。说吧,要我怎么帮你?"我吓了一跳。江副先生似乎已经看透了我的想法，于是我直接告诉他，我的公司正处于危机之中，没有一家金融机构愿意帮忙，也没有风险投资公司肯为我们投资，所以我想向他借钱。他马上答道："你什么时候要？"我已经不记得那天究竟说了多少句"谢谢"，只记得自己高兴得想放声大叫。当然，我是一定会把钱还给江副先生的，但是对于连我的计划都没问就把钱借给我的江副先生，我感激至极，他的这份恩情，我会倾尽一生来报答。

我用那笔资金收回了其他公司手中持有的MYFARM的股份，又把总部迁回了京都，而我也再次回到了社长的位置。无论是留下的人还是离开的人，我都十分感激，从那时起，我也改变了对社长这个职位的认识，并决定改变自己的风格。社长不应该是在前面带领大家的人，而应该是在背后帮助大家的人。社长就相当于植物的根，大家才是花朵。非洲有一句非常有名的谚语——"如果你想走得快，那就一个人走；如果你想走得远，那么就一起走。"从重回社长位置的那一瞬间起，我就决定要以公司的各位同人为中心。从那时开始，公司决策的最高标准从公司利益最大化变为了各位员工的健康和想法，而大家的努力也推动了公司的发展，转化成实实在在的业绩。

中文版特别篇章——MYFARM 的后续

教授农业知识的 MYFARM 农业学院也和其他公司合并，升级成传授经营知识和技术的"农业创新大学"。到 2022 年为止，已经培养了 2000 多名毕业生，在政府考核中，也经常登上榜首。可以说，我们的 MYFARM 农业创新大学已跻身日本优秀学校之列。另外，为了培养出更多的毕业生，并进一步为他们提供支持，我们还与软银科技公司合资，共同运营了一个名为"农田窗口"的农田资源搜索网站。我们也会收购 MY-FARM 农业创新大学毕业生生产的作物，帮助这些产品在市场上流通，对于特别优秀的农产品，我们已经开始在公司运营的"Yacchaba Club"邮购网站上销售。当然，这项业务是在公司将总部迁到神户后开展的一项业务的基础上演变而来的，也就是我当时完全无法接受的流通业务。

另外，我还迎来了一场命运的邂逅。实际上，江副先生在 2013 年就去世了，他生前最放心不下的就是岩手县安比高原的滑雪场。这个滑雪场原本是 RECRUIT 公司独立经营的，但是中途转让给了其他人。我当时结识了一家名为"TSUMURA"（津村）的中草药销售公司的几位董事，我们计划在日本国内发展中药材栽培产业，为考察岩手县的安比高原是否适合种植中药材，我们一起赶往了滑雪场。因为这是自参加完江副先生的追悼仪式以来第一次去那家滑雪场，所以一股强烈的情感瞬时涌上心头，同时，我也认为这是一次报恩的机会，于是我决定在那里种植中药材，然后再出售给津村公司。从那时起，在全日本拥有多家农场的 MYFARM 开始掉转船头，大力发展中药材等作物的栽培事业，如今已经成为日本最大规模的中药材栽培基地。每当我看到成片的药材，心里总是会想，如果在天堂的江副先生能表扬我几句，我就心满意足了。

除此之外，重回社长之位后，我录用人才的方式也开始变得与众不同，我最看重的是"诚实、勤奋、激情"，我格外喜欢有想法、有目标的员工，所以，从某种意义上来说，我录用的员工代表的正是如今的日本。MYFARM 的大部分成员都有在国外从事农业的经验，或者曾在国外生活过，他们回到日本之后，迫切想发展日本的农业，想将日本农业的优势传达给海外的民众，但没有对口的工作单位，在面试的时候我经常听到这些话。所以，我让他们中的一些人在中国成立了公司，让一些人在夏威夷努力创造出更多的就业岗位，还让一些人在印度尼西亚等东南亚国家开展活动……我将在各国推广"自产自消"模式的重任托付给了 MYFARM 的成员们。当然，他们会遇到各种各样的困难，但是我认为这是必经的过程，我也曾有过同样的经历，所以在他们遇到困难的时候，我会给他们一些建议，提供必要的帮助，但是比起自己的想法，我更看重扎根于当地的成员们的想法，所以我会尽量避免影响他们的决策。在我看来，即便他们像我一样失败了，只要从头再来就好，而且，这次失败的经验还可以用来指导今后的工作。

就这样，MYFARM 的事业不断向前迈进。2021 年，MYFARM 农业创新大学迎来了一次重要的机会，而这次机会也许能让农业创新大学实现飞跃式的发展。当时我们获得消息称，因为少子化日本国内的私立高中普遍陷入了经营困境。我想，不如趁此机会进军学校法人运营领域，培养以自然为本的学风，通过这种方式为全世界的农业作贡献。一番讨论之后，我们最终决定与在北海道札幌市经营私立高中的"学校法人札幌静修学园"合作办学。我们之所以从数家学校法人中选择了它，不仅是因为学校里朝气蓬勃的学生和对教育工作充满热情的老师，还因为北海道是一个以第一产业为主的地区。当我真正坐上理事长的位置，着手运营工作的时候，我发现在这条道路上遇到的困难与我经营股份制公司时遇到的难题完全不同，但我坚信，强大的内心和足够的热情比知识和经验更加重要，而且我之前积累的经验也可以派上用场，所以我现在正在积极探索如何把这所学校建设成为一个充满魅力的地方，这也算是一个新的尝试。

如上所述，自 2007 年开始，我就从未停止过建设"自产自消"型社会的步伐，虽然发展速度缓慢，但我们却凭借无法用数字体现出来的事业网络和影响力，一步一步地迈向理想的社会。我希望 10 年后能再次为这本书书写续章，也会继续脚踏实地，走好每一步。